W0220905

INHALT

HAFTUNGSAUSSCHLUSS

Der Protagonist dieses Buches ist frei erfunden und weist keinerlei Ähnlichkeiten mit lebenden oder toten Personen auf. Die geschilderte Wirklichkeit entspricht nicht der Realität. Die ökonomischen Theorien, aus denen sich der Protagonist ableiten lässt, haben rein gar nichts mit der Realität zu tun. Jedwede Ähnlichkeit zwischen Protagonist und Leserin oder Leser ist purer Zufall.

Sie rührt daher, dass Sie so sein wollen wie er. Nicht, dass Sie so sind.

ERSTES KAPITEL

In dem wir in die Welt der Ökonomie eintauchen und uns fragen, wer Adam Smiths Mutter war

Wie kommt Ihr Abendbrot auf den Tisch? So lautet die Grundfrage der Ökonomie. Sie mag einfach klingen, ist aber überaus knifflig.

Die meisten von uns produzieren nur einen Bruchteil dessen, was wir tagtäglich konsumieren. Den Rest kaufen wir ein. Unser Brot kommt aus den Supermarktregalen, und wenn wir eine Lampe anknipsen, versorgt uns die Steckdose prompt mit Strom. Doch nur zwei Brotlaibe oder ein Kilowatt Strom erfordern die koordinierte Aktivität Tausender Menschen auf der Welt.

Da wäre der Bauer, der Weizen anbaut, um ihn an die Brotfabrik zu verkaufen. Die Firma, die die Plastiktüten produziert, in denen das Brot abgepackt wird. Und natürlich die Brotfabrik, die das Brot an Ihren Supermarkt ausliefert. Jeder einzelne Schritt ist eine unabdingliche Voraussetzung dafür, dass an einem gewöhnlichen Dienstagmorgen Brot in Ihrem Supermarktregal liegt – nicht zu vergessen die Menschen, die Werkzeuge herstellen, Lebensmittel transportieren, Autos reparieren, Supermärkte reinigen und die Regale einräumen.

Der gesamte Prozess muss zu einer gewissen Zeit, in einer gewissen Reihenfolge und mit einer gewissen Regelmäßigkeit erfolgen, damit die Regale stets reichlich gefüllt sind. Selbstredend gilt dies nicht nur für jedes Brot, sondern auch für Bücher, Luftballons und überhaupt alles, was wir kaufen oder verkaufen wollen. Moderne Ökonomien sind eine ziemlich verzwickte Angelegenheit.

Und aus genau diesem Grund stellen Ökonomen sich die Frage: Was hält alles zusammen?

Die Ökonomie wurde häufig als eine Wissenschaft beschrieben, in der es um die Frage geht, wie sich Liebe konservieren lässt. Die Grundidee lautet: Liebe ist ein knapp bemessenes Gut. Seinen Nächsten zu lieben kostet Energie, vom Übernächsten einmal ganz zu schweigen. Folglich gilt es, achtsam mit der Liebe umzugehen und sie nicht zu vergeuden. Verwenden wir sie als Treibstoff für unsere Gesellschaft, bleibt fürs Privatleben nichts mehr übrig. Liebe zu finden ist schwer – sie zu bewahren umso schwerer.

Darum, dachten sich die Ökonomen, musste die Gesellschaft auf ein anderes Fundament gestellt werden. Warum nicht auf unseren Egoismus? An dem schien es nun wahrlich nicht zu mangeln.

Adam Smith, der Begründer der klassischen Nationalökonomie, brachte 1776 jene Worte zu Papier, die unsere moderne Sichtweise auf die ökonomische Welt prägen sollten: «Nicht vom Wohlwollen des Metzgers, Brauers und Bäckers erwarten wir das, was wir zum Essen brauchen, sondern davon, dass sie ihre eigenen Interessen wahrnehmen.»

Smith geht davon aus, dass ein Metzger schlachtet, um seine Kunden zufriedenzustellen und Geld zu verdienen. Nicht, weil er nett sein möchte. Der Bäcker und der Brauer verrichten ihre Arbeit nicht aus Nächstenliebe, sondern um ihre Kassen zum Klingeln zu bringen. Wenn Brot und Bier gut munden, werden sie auch in Zukunft gekauft werden. Und genau das sei, so Smith, der einzige Grund, warum der Bäcker und der Brauer ihre Waren produzieren. Was sie antreibt, sei ihr Eigeninteresse.

Auf unser Eigeninteresse ist stets Verlass, da es in Hülle und Fülle vorhanden ist.

Im Gegensatz zur Liebe, denn die ist Mangelware. Sie reicht nicht für die Gesellschaft und sollte am besten in einer Konservendose für den Privatgebrauch aufbewahrt werden. Sonst verdirbt alles.

Frage: «Was ist hundert Meter lang, langsam wie eine Schnecke und ernährt sich ausschließlich von Kohl?»

Antwort: «Die Schlange vor einer Bäckerei in der Sowjetunion.»

Wie in der Sowjetunion wollen wir es nicht haben.

Adam Smith erklärte, warum freie Märkte der beste Weg zu einer effektiven Wirtschaft seien. Smiths Ideen von Freiheit und Autonomie waren revolutionär und radikal. Weg mit den Zollgebühren und Preisregulierungen! Ließe man dem Markt einfach nur freien Lauf, behauptete Smith, würde die Wirtschaft, angetrieben vom menschlichen Eigeninteresse, laufen wie ein Uhrwerk.

Weil jeder um sein eigenes Wohl besorgt ist, erhält die Allgemeinheit die Waren, die sie benötigt. Das Brot liegt im Brotregal, der Strom surrt durch die Leitungen – und Sie bekommen Ihr Abendbrot.

Das Eigeninteresse des Einzelnen hält die Gesamtheit zusammen, ohne dass jemand daran denken müsste. Wie durch Zauberhand. Und genau diese Theorie wurde zu einer der größten Erzählungen unserer Zeit.

Die frühe Ökonomie war überzeugt, das Getriebe der Welt werde von unserem Eigeninteresse zum Laufen gebracht.

«Das erste Prinzip der Wirtschaftslehre besagt, dass jeder Akteur allein durch sein Eigeninteresse angetrieben wird», stellten Ökonomen gegen Ende des 19. Jahrhunderts fest. Die moderne Ökonomie, wurde auf dem «Granit des Eigeninteresses» errichtet, und wir durften sie bestaunen.

In der Ökonomie ging es nicht um Geld, sondern von Beginn an um ein Menschenbild, eine Geschichte. Die Geschichte davon, dass wir unser Handeln darauf ausrichten, aus einer Situation, pardon, jeder Situation als Gewinner hervorzugehen. Und von allen Annahmen, die daraus folgten.

Und das ist noch immer der Ansatzpunkt der ökonomischen Standardtheorien. Wenn wir im Alltag davon sprechen, «wie ein Ökonom zu denken», haben wir folgendes Bild vor Augen: Menschen handeln, wie sie handeln, um Profit daraus zu schlagen. Kein sonderlich schmeichelhaftes Bild, aber das wahrhaftigste. Und will man irgendwann am Ziel ankommen, beginnt man am besten mit der Wahrheit. Die Moral führt uns vor Augen, wie wir die Welt gern hätten, Ökonomen dagegen sprechen aus, wie sie wirklich aussieht. Zumindest behaupten sie das.

Viel mehr müssen wir nicht wissen. So bestreiten wir unser Leben, und so wird die Gesellschaft zusammengehalten. Wie von einer unsichtbaren Hand. Das ist das große Paradox.

Und wie wir alle wissen, spricht Gott gern in Paradoxa zu uns.

Die «unsichtbare Hand» ist die wahrscheinlich bekannteste Metapher der Ökonomie. Formuliert hat sie Adam Smith, doch es waren die Ökonomen nach ihm, die sie in einem weiteren Sinne gebrauchten. Die unsichtbare Hand berührt alles, steuert alles, sie ist in allem und bestimmt alles – und dennoch ist sie weder sicht- noch spürbar. Sie greift nicht von oben oder unten in etwas ein, stochert herum und verrückt die Dinge. Sie entsteht aus und zwischen den Handlungen und Entscheidungen der Individuen. Sie ist es, die das System ankurbelt – aus seinem Innern heraus. Dieser Gedanke war für die Ökonomen jüngerer Zeit sehr viel zentraler, als er für Adam Smith selbst war. Wenngleich der Vater der Nationalökonomie den Ausdruck in *Wohlstand der Nationen* nur ein einziges Mal gebraucht, dient er der modernen Ökonomie und ihrem eigentümlichen Universum heute als Fundament.

Ein Jahrhundert ehe Adam Smith von der unsichtbaren Hand berichtete, hatte Isaac Newton seine *Philosophiae Naturalis Principia Mathematica* (*Mathematische Prinzipien der Naturlehre*) veröffentlicht.

Darin erklärte der Astronom, Mathematiker, Naturwissenschaftler und Alchemist, welche Kraft den Mond auf seiner Bahn hält. Er berechnete die Bewegungen der Planeten, die Anziehungskraft der Erde, erörterte, warum Äpfel zu Boden fallen – und konnte all das auf dieselbe Schwerkraft zurückführen, die auch die Himmelskörper in ihren Armen wiegt.

Newton schenkte uns die moderne Wissenschaft und einen völlig neuen Blick auf die Welt.

Zu jener Zeit galt die Mathematik als eine Sprache Gottes. Durch sie, so hieß es, habe Gott uns das «Buch der Natur» zugänglich gemacht, und durch sie würden wir seine Schöpfung erfassen können. Isaac Newtons Entdeckungen versetzten die Welt in einen Rausch.

Auch und vielleicht am meisten Adam Smith und die aufkeimende Politische Ökonomie.

Die Gesetze des Sonnensystems, die bislang Gott allein offenkundig gewesen waren, waren mit einem Mal wissenschaftlich lesbar. Das Weltbild wandelte sich. Der Gott, der sich einmischte und Standpunkte vertrat, der strafte, Meere teilte, Berge versetzte und alltäglich Abermillionen Blumen zum Erblühen brachte – höchstpersönlich versteht sich –, war plötzlich ein abwesender Gott, das Universum ein Uhrwerk, das er zwar erschaffen und aufgezogen hatte, das aber nun ganz von allein weitertickte.

Die Welt wurde ein Apparat, ein Theaterstück, eine gigantische Inszenierung, dessen einzelne Rädchen surrten wie in einer Maschine. Zunehmend waren Intellektuelle dem Glauben erlegen, sie könnten fortan einfach alles erklären. So wie Newton die Planetenbewegungen erklärt hatte. Newton war es gelungen, die Gesetze der Natur aufzudecken – und damit Gottes wahren Plan.

Auf diese Weise, dachte sich Adam Smith, mussten sich auch die Naturgesetze der Gesellschaft erklären lassen und damit Gottes wahrer Plan für die Menschheit.

Denn wenn es eine Mechanik der Natur gab, musste es doch ebenfalls eine Mechanik der Gesellschaft geben. Oder nicht?

Wenn es Gesetze gab, nach denen sich die Himmelskörper bewegten, musste es doch ebenso Gesetze geben, nach denen sich menschliche Körper bewegten. Gesetze, die sich wissenschaftlich formulieren ließen.

Man dachte sich: Verstünden wir diese Gesetze, könnten wir die Gesellschaft in Einklang mit ihnen formen. Im Einklang mit dem wahren Plan leben. *Mit* den Kräften schwimmen, anstatt *gegen* sie anzuschwimmen. Alles verstehen und die Gesellschaft in ein gut geöltes Uhrwerk verwandeln, das so tickt, wie es uns am dienlichsten ist.

Also nahmen sich Adam Smith und die Wirtschaftswissenschaften dieser Fragen an. Kein leichtes Unterfangen.

Wie erlangt man natürliche Harmonie? Die Kraft, von der angenommen wurde, sie erfülle dieselbe Funktion wie die Schwerkraft für das Sonnensystem, war das menschliche Eigeninteresse.

«Ich kann die Bewegungen der Himmelskörper berechnen, aber nicht die Verrücktheit der Menschen», befand Newton bekanntlich, aber darum scherte sich niemand. Adam Smith schien Gottes wahren Plan für die Welt dechiffriert zu haben: ein System natürlicher Freiheit, das gestochen scharfe Spiegelbild der Newtonschen Physik.

Wenn man etwas verstehen möchte, sollte man es in seine Einzelteile zerlegen. Das war in aller Kürze die Methode, der Newton sich bediente. Und steht man danach noch immer auf dem Schlauch – zerlegt man auch die Einzelteile in ihre Einzelteile. Und so weiter und so fort. Bis man sich zum kleinstmöglichen Teilchen vorgearbeitet hat, jenem basalen Lego-Steinchen, das dem Ganzen zugrunde liegt. Das Elementarteilchen. Das Atom. Die kleinste Einheit. Und die gilt es dann zu erforschen. Wer die kleinste Einheit versteht, versteht alles.

Eine Veränderung des Ganzen muss nicht bedeuten, dass sich seine Partikel verändert hätten, denn diese sind unveränderlich, ganz gleich, was ihnen widerfahren mag. Eine Veränderung ist lediglich ein neues Muster, in dem die Partikel sich organisiert haben. Ihre Bewegungen werden von Naturgesetzen verursacht. Und die Welt ist so logisch wie ein Uhrwerk. Zu diesem Schluss kamen die Ökonomen und versuchten, den Trick umzukehren. Wolle man die Ökonomie verstehen, müsse man sie in ihre Einzelteile zerlegen, um vorzustoßen zu jenen komplexen, koordinierten Prozessen, die dazu führen, dass an einem ganz normalen Dienstag Ihr Steak beim Metzger Ihres

Vertrauens in der Kühltheke liegt. Und sei man dann noch immer nicht schlauer, gelte es, auch diese Prozesse zu zerlegen, in noch kleinere Teile. Und siehe da, schließlich gelang es den Ökonomen, bis zu jenem kleinstmöglichen Teilchen vorzudringen, in das sich das Ganze, vermeintlich, zerteilen ließ. Und dieses Teilchen nannten sie *Individuum.*

Verstünde man das Individuum, überlegten die Ökonomen, verstünde man alles. So wie sich die Physik den unteilbaren Atomen widmete, befasste sich die aufkeimende Nationalökonomie mit unabhängigen Individuen, weil man davon ausging, dass die Gesellschaft nichts anderes als die Summe dieser Individuen sei. Eine Veränderung in der Ökonomie rührt folglich nicht daher, dass sich das Individuum verändert hat – denn seine Persönlichkeit ist von anderen unabhängig. Allerdings trifft das Individuum Entscheidungen. Jede Veränderung ist ein neues Muster, in dem es sich arrangiert. Entscheidungen, die es getroffen hat, im Verhältnis zu anderen potenziellen Entscheidungen. Sie begegnen sich nie, doch sie interagieren. Wie Billardkugeln. Das individuelle Bewusstsein, über das niemand eine eindeutige Aussage machen kann als das Individuum selbst, bleibt stets unverändert.

Und der Rest ist Schweigen.

Adam Smiths größte Leistung bestand darin, dass es ihm von Beginn an glückte, die sich herausbildende Politische Ökonomie in das Weltbild der Physik einzupassen. Logisch, rational und vorhersehbar – so sah die Physik jener Zeit aus. Das war, ehe Raum und Zeit zu einer unteilbaren Raumzeit verschmolzen und das Universum sich bei jeder Messung in so viele Welten teilte, wie zum Zeitpunkt der Messung vorstellbar waren. Doch für die moderne Physik haben sich Ökonomen noch nie besonders erwärmen können. Noch immer starren sie himmelwärts und bestaunen Newtons Firmament.

«Was mich eigentlich interessiert, ist, ob Gott die Welt hätte anders machen können», sinnierte Albert Einstein, der Begründer der modernen Physik, Anfang des 20. Jahrhunderts. Existierte womöglich eine bis dato unbekannte Alternative zu den Gesetzen der Physik? Eine andere Methode? Über derartige Dinge zerbrachen die Ökonomen sich eher selten den Kopf. Sie waren sich ihrer Sache vollkommen sicher. Ökonomische Theorie sei «eine Ansammlung von Generalisierungen, deren substanzielle Korrektheit und Gewicht nur von den Unkundigen und Abweichenden infrage gestellt werden kann», schrieb der britische Ökonom Lionel Robbins 1945. Und genau das war die Pointe: Es gab keine Alternative. Der Markt war ein Teil der menschlichen Natur, das heißt, wenn die Ökonomie den Markt erforschte, erforschte sie zugleich den Menschen.

Es war einmal, da zogen Könige Seher zurate, die in den Eingeweiden toter Tiere lasen. Sie studierten Farbe und Form, um vorherzusagen, wie die Götter auf den einen oder anderen politischen Schachzug reagieren würden. Im antiken Italien zerteilten die Etrusker allein die äußere Schicht einer Schafsleber in sechzehn Teile. Doch seitdem hat sich die Welt verändert, und die Aufgabe der Seher ist von den Ökonomen übernommen worden. Diese versuchen zu prophezeien, wie der Markt auf den einen oder anderen politischen Schachzug reagieren wird – mehr oder weniger erfolgreich.

Viele von uns möchten zwar in einer Marktwirtschaft leben, aber nicht in einer Marktgesellschaft. Allerdings haben wir einsehen müssen, dass es diese nur im Doppelpack gibt. Fidel Castro sagte einmal, das Einzige, was schlimmer sei, als vom multinationalen Kapital ausgenommen zu werden, sei, nicht vom multinationalen Kapital ausgenommen zu werden. Vielleicht hatte er recht. «There is no alternative», konstatierte Margaret Thatcher. Der Kapitalismus schien (zumindest bis zur Finanzkrise von 2008) dort Erfolg gehabt zu haben, wo die großen Weltreligionen gescheitert waren: die Menschheit in einer Gemeinschaft zu vereinen, nämlich auf dem globalen Markt.

Der Markt setzt die Preise für Eisen und Silber fest, entscheidet, welche Bedürfnisse die Menschen haben und wie viel ein Kindermädchen, ein Pilot oder ein Geschäftsführer verdient. Er bestimmt, was ein Lippenstift, ein Rasenmäher und eine Gebärmutterentfernung kosten. Er schreibt vor, was es wert ist, mit dem Absturz einer Investmentbank den Steuerzahlern auf der Tasche zu liegen (siebzig Millionen Dollar im Jahr). Und den Wert dafür, in einem skandinavischen Wohlfahrtsstaat die zitternde Hand einer siebenundachtzigjährigen Frau während ihrer letzten siebenhundert Atemzüge zu halten (96 Schwedische Kronen in der Stunde).

Adam Smith ging davon aus, dass sein gedeckter Abendbrottisch nichts mit der Sympathie des Metzgers oder des Bäckers zu tun habe – sondern damit, dass sie durch einen Tauschhandel ihre Interessen verfolgten. Es war ihr Eigeninteresse, das ihm seine Mahlzeit servierte.

Aber lief es wirklich so ab? Wer bereitete Smiths Steak tatsächlich zu?

Adam Smith war nie verheiratet. Den Großteil seines Lebens verbrachte der Vater der Nationalökonomie bei seiner Mutter. Sie besorgte den Haushalt, und ein Cousin kümmerte sich um die Smithschen Finanzen. Als Smith Zollkommissar in Edinburgh wurde, begleitete ihn seine Mutter. Ihr Leben lang opferte sie sich für ihren Sohn auf. Damit war sie derjenige Teil der Frage, wie wir an unser Abendbrot kommen, über den Smith sich ausschwieg.

Damit der Metzger, der Bäcker und der Brauer ihrer Arbeit überhaupt nachgehen konnten, mussten ihre Frauen, Mütter und Schwestern tagein, tagaus jede ihrer Stunden dafür opfern, die Kinder zu hüten, die Hausarbeit zu verrichten, Kleider zu waschen, Tränen zu trocknen und sich mit den Nachbarn herumzuzanken. Ganz gleich, aus welchem Blickwinkel heraus man den Markt betrachtet, er gründet sich auf eine andere Ökonomie. Eine Ökonomie, über die kaum ein Wort verloren wird.

Das elfjährige Mädchen, das jeden Morgen fünfzehn Kilometer zurücklegt, um Holz für seine Familie zu holen, trägt einen großen Teil dazu bei, dass die Ökonomie seines Landes sich entfalten kann. Trotzdem wird ihre Arbeit ignoriert. In den ökonomischen Statistiken taucht das Mädchen nicht auf. Für das Bruttoinlandsprodukt (BIP), das den Wert aller in einem Land hergestellten Güter angibt, ist sie unsichtbar. Ihr Tun scheint für die Ökonomie und für wirtschaftliches Wachstum irrelevant zu sein. Kinder zu gebären, sie großzuziehen, den Garten zu bestellen, Essen für die Geschwister zuzubereiten, die Kuh der Familie zu melken, Kleidung für die Verwandtschaft zu nähen oder Adam Smith den Rücken frei zu halten, damit er *Wohlstand der Nationen* schreiben kann – all das erachten die ökonomischen Standardmodelle nicht als «produktive Arbeit».

Außer Reichweite der unsichtbaren Hand befindet sich das unsichtbare Geschlecht.

Die französische Schriftstellerin und Feministin Simone de Beauvoir beschrieb die Frau als «das andere Geschlecht». An erster Stelle stehe in unserer Gesellschaft der Mann. Er sei es, der wirklich zählt. Der die Welt definiert. Die Frau sei «das Andere», all das, was er selbst nicht ist, aber benötigt, um der sein zu können, der er ist.

Um das sein zu können, was zählt.

So wie es ein «anderes Geschlecht» gibt, gibt es auch eine «andere Ökonomie». Es ist die Arbeit, die traditionell von Männern verrichtet wird, die zählt. Sie definiert das ökonomische Weltbild. Die Arbeit der Frau ist «das Andere». Das, was er nicht tut, doch worauf er angewiesen ist, um tun zu können, was er tut.

Um das tun zu können, was zählt.

Adam Smith vermochte die der Ökonomie zugrunde liegende Frage nur halb zu beantworten. Sein Abendessen bekam er nicht nur deshalb, weil die Händler mittels Tauschhandel ihre Eigeninteressen verfolgten, sondern vor allem, weil seine Mutter es ihm allabendlich servierte.

Heute wird bisweilen darauf hingewiesen, die Ökonomie gründe nicht nur auf einer «unsichtbaren Hand», sondern auch auf einem «unsichtbaren Herz». Eine reichlich idealisierende Metapher für diejenigen Aufgaben, die historisch der Frau zugeteilt wurden. Wir wissen nicht, warum Adam Smiths Mutter sich um ihren Sohn kümmerte.

Aber wir wissen, dass sie es tat.

ZWEITES KAPITEL

In dem wir dem ökonomischen Mann vorgestellt werden und seine unerhörten Verführungskünste kennenlernen

A. A. Milne, der Autor der *Pu der Bär*-Geschichten, sagte einmal, Kinder seien besonders fasziniert von Geschichten, die von einsamen Inseln handeln, und zwar deswegen, weil Geschichten, die schildern, wie es wäre, in einer fremden, isolierten Welt zu stranden, ihre Fantasie auf ganz besondere Weise triggern würden.

Das führte Milne darauf zurück, dass eine einsame Insel dem Kind die effektivste Flucht von der Wirklichkeit suggeriert. Keine Mutter, kein Vater, keine Geschwister; keine familiären Zwänge, Verpflichtungen, Konflikte oder Machtspiele. Eine völlig neue Welt. Unverstellt und simpel. Man ist frei, auf sich allein gestellt, und niemand sonst hinterlässt seine Fußspuren im Sand.

Doch vor allem ist es eine Welt, über die das Kind ganz allein herrscht, in der es den Thron besteigt und sich zum Sonnengott erhebt.

Man könnte sagen, dass Ökonomen ein bisschen wie Kinder sind. Manche von ihnen sind regelrecht besessen von Robinson Crusoe. Welcher Student der Wirtschaftswissenschaften muss nicht irgendwann einem Dozenten dabei lauschen, wie er Daniel Defoes Roman von 1719 nacherzählt? Gewiss könnte man fragen, was uns die Geschichte über einen weißen, rassistischen Mann, der siebenundzwanzig Jahre lang auf einer Insel lebt und sich schließlich mit einem «Wilden» ankumpelt, über moderne Ökonomie verraten kann.

Aber dann hätte man die Pointe der Politischen Ökonomie nicht recht verstanden.

Daniel Defoes schiffbrüchiger Romanheld wird häufig als die ultimative Verkörperung des ökonomischen Mannes betrachtet. Crusoe strandet auf einer Insel, fernab von sozialen Codes und Gesetzen. Es gibt niemand, der sich ihm in den Weg stellt, also kann er seinen ureigenen Interessen freien Lauf lassen. Auf Crusoes Insel ist die ökonomische Antriebskraft von allen Ketten befreit, und das macht ihn zur idealen Galionsfigur der Ökonomie.

Auf dem Markt sind wir anonym. Deshalb kann der Markt uns befreien. Es spielt keine Rolle, wer man ist, Charakter und emotionale Bande sind hier fehl am Platz. Was zählt, ist einzig und allein die Zahlungsfähigkeit. Die Entscheidungen, die wir treffen, sind frei und unabhängig, wir besitzen weder Biographie noch Kontext, sind verstreute Inseln auf einem leeren Ozean. Niemand urteilt über uns, nichts verpflichtet uns oder hält uns zurück. Die einzigen Beschränkungen sind technischer Natur: Der Tag hat nur eine limitierte Anzahl Stunden, und die Ressourcen der Natur sind endlich. Robinson Crusoe ist frei, und seine Beziehungen zu anderen Menschen drehen sich darum, ob sie ihm nutzen.

Nicht weil er bösartig wäre, er handelt eben rational – gemäß dem Rationalitätskonzept, wie es im Roman präsentiert wird.

Robinson Crusoe wird als Sohn eines Kaufmanns im englischen York geboren. Er hat zwei ältere Brüder. Der eine fällt im Krieg, der andere verschwindet. Robinson studiert Jura, doch die Annehmlichkeiten eines Lebens in der englischen Mittelschicht erscheinen ihm nicht sonderlich erstrebenswert. Also geht er an Bord eines Schiffes gen Afrika. Nach einigen Reisen gelangt er schließlich nach Brasilien und erwirbt eine Plantage, die er mit großem Erfolg bewirtschaftet. Robinson wird reich. Doch damit will er sich nicht begnügen. Erneut sticht er in See, um sich Sklaven aus Afrika zu besorgen. Auf seiner letzten Reise erleidet Robinson Schiffbruch und rettet sich als einziger Überlebender auf eine abgelegene Insel.

Und hier beginnt das Abenteuer.

Robinson verbringt viele Jahre in Isolation, nur einige Tiere leisten ihm Gesellschaft. Am Strand treiben «Wilde» und Kannibalen ihr Unwesen. Robinson führt Tagebuch und stellt in zwei Spalten die erlebten «Freuden» und «Leiden» einander gegenüber.

Gewiss, er mag sich auf einer einsamen Insel befinden – aber er ist am Leben.

Er mag von aller Welt geschieden sein – aber er stirbt keinen Hungertod.

Er mag keine Kleidung haben – doch angesichts des Wetters ist auch das zu verkraften.

Auf logische Weise kalkuliert Robinson den Nutzen jeder Situation. Und unterm Strich ist er durchaus zufrieden. Er ist frei von Verlangen, Neid und Stolz. Frei von anderen Menschen. Kann tun und lassen, was immer er will. Er kann sich Kaiser oder König einer ganzen Insel nennen. Welch ein Segen! Er ist frei von Ablenkungen und körperlichem Verlangen und konzentriert sich auf Kontrolle und Besitz. Die Insel ist dazu da, dass er sie erobert, die Natur, dass er sie kontrolliert.

Die Geschichte von Robinson Crusoe wird oft als Beispiel für die Erfindungsgabe und Gewitztheit des Individuums herangezogen. Robinson pflanzt Mais, fertigt Töpfe an und melkt Ziegen. Er zieht Kerzen aus Talgfett und stellt Dochte aus getrockneten Nesseln her. Doch die Einmanngesellschaft wird nicht allein von Robinsons Erfindungsreichtum am Leben gehalten. Dreizehn Mal begibt er sich zum gekenterten Schiff, um dort nach brauchbarem Material und Werkzeugen zu suchen, mit deren Hilfe er sich die Natur und später auch andere Menschen untertan macht.

Produziert wurden diese Werkzeuge von Menschenhand, und wenngleich diese Menschen weit entfernt sind, ist Robinson in höchstem Maße auf sie angewiesen.

In seinem sechsundzwanzigsten Jahr auf der Insel begegnet Robinson einem Eingeborenen. Er rettet ihn vor Kannibalen und tauft ihn auf den Namen Freitag, in Erinnerung an den Wochentag, an dem er ihm begegnete. Freitags Dankbarkeit ist schier unendlich. Er liebt Robinson mit der Hingabe eines Kindes und arbeitet für ihn wie ein Sklave. Zwar verspürt Freitag, der selbst Kannibale ist, ein gewisses Verlangen nach Menschenfleisch, doch aus Rücksicht auf Robinson stellt er seine Ernährung um.

Fast drei Jahre verbringen sie gemeinsam in, wie Daniel Defoe es beschreibt, vollkommenem Glück. Bis sie schließlich gefunden werden und nach Europa reisen.

Als sie nach Lissabon gelangen, wird Robinson darüber unterrichtet, dass er während seiner Abwesenheit außerordentlich wohlhabend geworden sei. Die Plantage in Brasilien wurde auch weiterhin von seinen Arbeitern bestellt und hat ein ansehnliches Vermögen eingebracht. Robinson verkauft seinen Anteil, heiratet und wird Vater von drei Kindern. Dann stirbt seine Frau. Diesem Teil der Geschichte – Ehe, Kindern und Tod – widmet der Roman sage und schreibe einen ganzen Satz.

Am Ende sticht Robinson abermals in See.

Der irische Schriftsteller James Joyce beschrieb Robinson als die Verkörperung «der männlichen Selbständigkeit, der unbewussten Grausamkeit, des Eifers, der schleichenden, aber effizienten Intelligenz, der sexuellen Apathie und der berechnenden Einsilbigkeit».

Robinson Crusoe ist von der Außenwelt isoliert, und Ökonomen lieben es, Menschen zu isolieren. Der schiffbrüchige Robinson auf seiner einsamen Insel regt zum Spekulieren an, wie ein Mensch wohl handeln würde, wenn es kein soziales Umfeld gäbe. Und genau darauf zielt der Großteil ökonomischer Standardmodelle ab. *Ceteris paribus*, leiert der Professor der Wirtschaftswissenschaften in seiner Vorlesung auf Latein herunter: *unter sonst gleichen Bedingungen*. In einem ökonomischen Modell mit mehreren Variablen muss eine Variable stets isoliert werden – sonst geht die Gleichung nicht auf. Kluge Ökonomen haben schon immer um die Schwächen dieser Methode gewusst, und trotzdem prägt sie weiterhin das «Denken wie Ökonomen». Die Welt müsse vereinfacht werden, um sie erfassen zu können, hieß es. Also wurde sie im Smithschen Sinne vereinfacht.

Robinson Crusoe etabliert auf seiner Insel rasch eine Ökonomie: Er tauscht und handelt, ganz ohne Geld. Die Nachfrage bestimmt den Wert einer Ware.

Dieses Prinzip wird häufig mit einer weiteren Geschichte um gestrandete Männer veranschaulicht.

Man stelle sich zwei Männer auf einer abgelegenen Insel vor. Der eine besitzt einen Sack mit Reis, der andere zweihundert Goldketten. Zu Hause hätte sich Letzterer mit nur einer seiner Ketten problemlos einen Sack Reis kaufen können, aber jetzt befinden sind die Männer nicht mehr auf dem Festland. Der Schiffbruch hat den Wert ihrer Waren verändert.

Mit einem Mal kann der Reis-Mann sämtliche Ketten für nur eine Portion Reis verlangen. Gesetzt den Fall, er erklärt sich überhaupt zu einem Tauschgeschäft bereit, denn was soll er auf der einsamen Insel mit einer Halskette? Ökonomen lieben solche Geschichten. Nicken einvernehmlich, im Glauben etwas überaus Tiefsinniges über die Natur des Menschen ans Licht gebracht zu haben.

Dass die zwei Schiffbrüchigen anfangen könnten, miteinander zu reden, wird in den ökonomischen Standardmodellen nicht in Betracht gezogen. Auch nicht, dass sie sich einsam fühlen könnten, sich womöglich ängstigen und einander brauchen könnten. Vielleicht würden sie nach einer kurzen Unterredung feststellen, dass sie beide als Kind Spinat gehasst haben, dass sie beide einen Onkel hatten, der ständig zu tief ins Glas blickte. Und vielleicht würden sie, nach reiflicher Überlegung, den Reis teilen.

Dass wir Menschen uns so verhalten könnten, soll also keine ökonomische Bedeutung haben?

Die zwei Schiffbrüchigen in dieser Geschichte sind nicht nur auf einer einsamen Insel gestrandet, sondern auch in sich selbst. Sie sind einsam und isoliert, abgeschieden, unfähig, miteinander zu kommunizieren, außer im Sinne von Handel und Wettbewerb. Ihre Umgebung nehmen sie lediglich als einen Bestand an Waren wahr. Alles dreht sich ums Kaufen, Tauschen und möglichst profitable Verkaufen.

Robinson Crusoe ist das ultimative Paradebeispiel für den ökonomischen Mann. *Homo oeconomicus* wird er offiziell genannt und macht die Grundfesten ökonomischer Theorien, wie wir sie kennen, aus. Die klassische Nationalökonomie hatte beschlossen, sich der Erforschung des Individuums zu verschreiben und dachte sich deshalb eine vereinfachte Geschichte über dessen Verhalten aus. Und damit ward das Verhaltensmodell geboren, das seither unser ökonomisches Denken prägt.

Und zudem: eine ungeheuer charismatische Person.

Wer sich mit Politischer Ökonomie befasst, wird das Märchen von einem Mann hören, der auszog, seinen Nutzen zu maximieren, abhängig von den Möglichkeiten und Hindernissen, die ihm auf seinem Weg begegneten. Dieser Mann gilt als universale, obgleich vereinfachte Definition des Menschen. Ob Frau oder Mann, arm oder reich, jedweder Kultur und Religion. Der ökonomische Mann beansprucht für sich, jenes reine, ökonomische Bewusstsein ausdrücken zu können, das ein Teil von jedem von uns ist. Das Bedürfnisse formuliert und versucht, diese zu befriedigen.

Der ökonomische Mann ist rational, vernunftgesteuert, tut nichts, was er nicht tun muss, und tut er es doch, dann um Befriedigung zu verspüren oder Schmerz zu vermeiden. Er schnappt sich, was er kriegen kann, und setzt alles daran, zu gewinnen, andere zu überlisten und schlussendlich diejenigen zu eliminieren, die sich ihm in den Weg stellen.

So ungefähr sieht unser Charakter laut der gängigen ökonomischen Standardmodelle aus. Zumindest der Teil von uns, der ökonomisch relevant ist und den die Ökonomie zu erforschen sucht. Der markanteste Charakterzug des Menschen ist seine grenzenlose Gier – er will alles, jetzt, sofort. Doch so funktioniert das nicht. Das unbegrenzte Verlangen des Menschen wird begrenzt von den bemessenen Ressourcen der Welt mitsamt der Tatsache, dass alle anderen auf Dasselbe aus sind – nämlich alles, jetzt, sofort. Und da man nicht alles haben kann, muss man sich entscheiden. Aus der Knappheit wächst die Entscheidung.

Mit jeder getroffenen Entscheidung trägt man automatisch Opportunitätskosten, die dem entgangenen Gewinn derjenigen Möglichkeiten entsprechen, die man nicht wahrgenommen hat. Wer den einen Weg einschlägt, kann nicht zugleich den anderen beschreiten.

Der ökonomische Mann hat Präferenzen: Wenn er Tulpen lieber mag als Rosen und Rosen lieber als Margeriten, heißt das auch, dass er Tulpen lieber mag als Margeriten. Außerdem ist er instrumentell-rational, das heißt, um an sein Ziel zu gelangen, wählt er stets den günstigsten Weg.

Sobald wir etwas haben möchten, richten wir unser Handeln darauf aus, es zu bekommen. Berechnen die kürzeste Strecke zwischen Punkt A und Punkt B. So viel wie möglich, so schnell wie möglich – das ist das Ziel. Erst entscheiden wir, was wir möchten und in welcher Reihenfolge, dann versuchen wir, dies zu realisieren – geschafft, fertig, ab dafür! Dann beginnt das Leben. Und endet zugleich. Billig einkaufen, teuer verkaufen – das ist das Motto.

Der Charme des ökonomischen Mannes besticht durch seine absolute Durchschaubarkeit. Sämtliche Probleme, denen er auf seinem Weg begegnet, lassen sich daher elegant mathematisch darstellen. Wenn der Mensch wirklich so ist wie der ökonomische Mann, dann ist er vorhersehbar. Das Einzige, was zählt, ist sein Eigeninteresse, und aus einem toten Universum lassen sich die Naturgesetze der Gesellschaft ableiten.

Ebenso wie Robinson Crusoe war der ökonomische Mann ein moderner Mann, der sich von der althergebrachten, irrationalen Tyrannei freigemacht hatte. Robinson Crusoe konnte sich selbst versorgen, und weder Kaiser noch König erteilten ihm Befehle. Er war sein eigener Herr, frei und niemand untertan. Und diesen neuen Menschen führte die Nationalökonomie in die neue Zeit.

Der ökonomische Mann bestimmte über sein Leben und ließ die anderen über das ihre entscheiden. Und er war äußerst kompetent. Aus einem einfachen Grund: Weil er ein Mensch war. Seine überlegene Vernunft erhob ihn zum Herrn über seine eigene Welt. Es gab niemand, dem er zu dienen hatte oder dem er untergeordnet war. Er war frei. Ganz gleich, in welche Situation er auch geriet, er erfasste flugs alle Möglichkeiten und traf die bestmögliche Entscheidung. Wie ein Schachspieler von Weltklasse manövrierte er sich durch die Welt mit ihren unzähligen Wahlmöglichkeiten. So war die menschliche Natur beschaffen, wenn es nach den Ökonomen des 19. Jahrhunderts ging. Doch damit nicht genug, denn tolerant war er auch: Der ökonomische Mann beurteilte Menschen nicht danach, woher sie kamen, sondern danach, wohin sie gingen. Er war neugierig und mochte Abwechslung. Trachtete stets nach Höherem. Wollte mehr haben, mehr sehen, mehr erleben.

Arbeit besitzt keinen Eigenwert, findet der ökonomische Mann. Doch wer im Leben etwas erreichen will, dem bleibt keine andere Wahl. Der ökonomische Mann setzt sich Ziele und kämpft, um diese zu erreichen. Check, weiter geht's! Er schaut niemals zurück, blickt stets nach vorn. Sollte er Sie begehren, wird er alles dafür tun, Sie für sich zu gewinnen. Lügen, stehlen, sich schlagen und seinen gesamten Besitz verscherbeln. Er ist einsam, doch seine Einsamkeit ist lustvoll. Er wird alles dafür tun, seine Gier zu stillen. Wobei er lieber verhandelt und feilscht, als Gewalt anzuwenden. Eine Brust kann immer nur einen nach dem anderen stillen. Die Ressourcen dieser Welt sind bemessen. Der ökonomische Mann bewundert die, die Erfolg haben. Es geht ihm um Genuss, ums Leben. Darum, etwas in den Händen zu halten, wofür er sich abgerackert hat, und verkünden zu können: «Das gehört mir!»

Am Ende des Films wird er einsam in den Sonnenuntergang reiten.

Gefühle, Altruismus, Empathie und Zugehörigkeit – all diese Eigenschaften sind laut den ökonomischen Standardtheorien kein Teil von ihm. Zwar mag der ökonomische Mann ein gewisses Bedürfnis nach Zugehörigkeit haben und das eine oder andere Gefühl verspüren, doch dabei handelt es sich um nichts anderes als eine seiner Präferenzen – so, als bevorzuge man Äpfel gegenüber Birnen. Er kann Gefühle begehren – sie erleben wollen. Doch sie werden nie ein Teil von ihm sein. Für den ökonomischen Mann existiert keine Kindheit, keine Abhängigkeit und keine Gesellschaft, die ihn beeinflusst. Er erinnert sich an seine eigene Geburt. Sie war nichts Besonderes.

Er ist rational, egoistisch, abgeschieden von der Außenwelt. Einsam auf einer Insel, einsam in der Gesellschaft. Aber das spielt keine Rolle. Denn es gibt keine Gesellschaft, nur Individuen.

Die Ökonomie wurde die Wissenschaft vom «Konservieren der Liebe». Es war das Eigeninteresse, das die Gesellschaft zusammenhielt. Aus Adam Smiths unsichtbarer Hand wurde der ökonomische Mann geboren. Es galt, die Liebe fürs Private aufzusparen, sie außen vor zu halten.

Denn sonst gäbe es schon bald keinen Honig mehr.

Bernard de Mandeville, ein niederländischer Arzt, der in England praktizierte, veröffentlichte 1714 seine berühmte Bienenfabel. Darin schildert er auf satirische Weise, wie Bienen, indem sie ihrem Eigeninteresse gehorchen, genau das tun, was für den Bienenstock das Beste ist. Ihr Eigeninteresse dient dem Gemeinwohl, solange sie in Frieden gelassen werden. Mischt man sich ein, gibt es schon bald keinen Honig mehr. So paradox es auch klingen mag, Eigenschaften wie Eitelkeit, Neid und Gier steigern das allgemeine Glück im Bienenstock. Die niederen Gefühle treiben die Bienen zu härterer Arbeit an, und das wiederum führt zu «ökonomischem» Zuwachs. Und reichlich Honig. *Greed is good.* Unterm Strich ist also das, worauf wir wirklich zählen können, unser Eigeninteresse.

Wenn nur alle egoistisch sind, verwandelt unser Handeln sich auf magische Weise in das, was dem Gemeinwohl am zuträglichsten ist. Dieselbe Geschichte hatte schon Adam Smith erzählt. Unser Egoismus und unsere Gier werden durch die «unsichtbare Hand» der Ökonomie in Harmonie und Balance eingelöst – eine Geschichte, die es mit den großen Geheimnissen der katholischen Kirche, uns mit Bedeutung und Vergebung zu segnen, aufnehmen kann. In Wahrheit sind unsere Gier und unser Egoismus die Versöhnung mit unseren Mitmenschen.

«Amerika macht keinen Sinn ohne einen tief empfundenen Glauben – woran ist mir egal», sagte einst US-Präsident Dwight D. Eisenhower.

Aus der Vorstellung, die Ökonomie werde von einer unsichtbaren Hand gesteuert, entwickelte sich der Mythos, der Markt könne das Ende der Geschichte einläuten. Wenn unsere individuellen ökonomischen Interessen miteinander kurzgeschlossen würden, wären die primitiven Konflikte vergangener Zeiten obsolet. Solange man dieselben ökonomischen Interessen verfolgt, wird man seinen Cousin nicht erschießen, nur weil er Moslem ist. Ebenso wenig werden Sie Ihren Nachbarn, der mit Ihrer Tochter geschlafen hat, abknallen, solange Ihre Firma von ihm abhängig ist.

Die unsichtbare Hand hält einen zurück.

Zumindest glaubte man das.

Denn die blutigen Erfahrungen des 20. Jahrhunderts haben gezeigt, dass der Mensch nicht ganz so einfach gestrickt ist. Trotzdem ist es eine gute Story. Und einer guten Story kann kaum jemand widerstehen.

Zumindest nicht tief im Innern.

Es wurde behauptet, die Marktmaschinerie könne den Weltfrieden und das Glück aller Völker herbeiführen. Durch etwas so Simples wie unsere gewöhnlichen, schmutzigen Gefühle. Kein Wunder, dass wir uns haben verführen lassen. Ausbeutung war nichts Persönliches mehr. Die Frau, die sich für sechs Dollar in der Stunde den Rücken ruiniert, tut dies nicht, weil ihr jemand etwas Böses will oder sie dazu verurteilt wurde. Niemand trägt die Schuld, niemand die Verantwortung. Dahinter steckt die Ökonomie, du Dummerchen! Und der Ökonomie kann niemand entkommen. Sie ist ein Teil von uns. Sitzt in unserem tiefsten Innern.

Denn im Grunde sind wir alle ein ökonomischer Mann.

DRITTES KAPITEL

In dem sich zeigt, dass der ökonomische Mann keine Frau ist

Seit jeher haben Männer für sich in Anspruch genommen, auf der Grundlage ihres Eigeninteresses zu handeln – ökonomisch wie sexuell. Für Frauen hingegen war dies tabu.

Wenn nicht gar verboten.

Frauen oblag es, sich um andere zu kümmern, anstatt ihr Eigenwohl zu maximieren. Die Gesellschaft bläute ihr ein, dass sie nicht rational sein könne, weil sie von Kindesgeburten und Menstruationen an ihren Körper gekettet sei – und der Körper wurde als Gegenteil der Rationalität betrachtet.

Anders als bei Männern wurden Lust und Gier bei Frauen schon immer angeprangert. Es war etwas Gefährliches, Destruktives, Bedrohliches, Unnatürliches. «Ich weiß nur, dass ich dann als Feministin abgestempelt werde, wenn ich Meinungen vertrete, die mich von einer Prostituierten oder einer Fußmatte unterscheiden», schrieb die englische Schriftstellerin Rebecca West. Frauen war es schlechthin untersagt, so egoistisch zu sein wie ein Mann.

Wie also sollte die Frau in der Ökonomie, die doch die Wissenschaft vom Eigeninteresse war, Platz finden?

Die Antwort: Während der Mann für das Eigeninteresse stehen sollte, war es die Aufgabe der Frau, die fragile, zu konservierende Liebe zu verkörpern. Indem sie ausgeschlossen wurde.

Obgleich der Begriff Ökonomie vom griechischen *oikos*, was so viel wie Haus bedeutet, abstammt, waren die Ökonomen nie sonderlich daran interessiert, was in den heimischen vier Wänden vor sich ging. Die selbstaufopfernde Natur der Frau kettete sie an die Sphäre des Privaten, folglich besaß sie keinerlei ökonomische Relevanz.

Kinder aufziehen, putzen, für die Familie waschen und bügeln – diese Tätigkeiten brachten keine transportablen Waren hervor, die sich kaufen, tauschen oder verkaufen ließen. Also, befanden die Ökonomen des 19. Jahrhunderts, schafften sie auch keinen Wohlstand. Zu Wohlstand führte, was sich transportieren ließ, nur limitiert verfügbar war und, direkt oder indirekt, Genuss verursachte oder Schmerz verhinderte.

Mit dieser Definition ging einher, dass all das, womit sich Frauen beschäftigen sollten, unsichtbar wurde.

Die Produkte männlicher Arbeit ließen sich stapeln und in Geld aufwiegen. Dagegen waren die Produkte weiblicher Arbeit vollkommen diffus. Der weggefegte Staub kehrt früher oder später zurück. Die gestopften Mäuler werden schon bald wieder hungrig sein. Und die Kinder, die man eben ins Bett gesteckt hat, wachen mitten in der Nacht wieder auf. Auf das Abendessen folgt der Abwasch, auf den Abwasch die nächste Mahlzeit und mit ihr neues schmutziges Geschirr.

Hausarbeit ist von Natur aus etwas Zyklisches. Darum war die Arbeit der Frauen keine «ökonomische Aktivität». Was sie tat, war nicht mehr als die logische Konsequenz ihres sanften, liebevollen Wesens. Und da sie ohnehin stets mit dieser Arbeit fortfahren würde, wäre es müßig gewesen, diese zu kalkulieren. Die weibliche Arbeit entstammt einer anderen Logik als der ökonomischen.

Sie entstammt der weiblichen Logik. Der *anderen* Logik.

Diese Sichtweise sollte sich in den 1950er Jahren wandeln. Eine Gruppe von Männern an der Fakultät für Ökonomie der Universität von Chicago glaubte, dass jede menschliche Aktivität mithilfe ökonomischer Modelle analysiert werden könne, selbst die ökonomische Aktivität der Frau. Sie gingen davon aus, dass wir nicht nur dann rationale Individuen waren, wenn wir uns um den nächsten Bonus schlugen oder versuchten, beim Autohändler den Preis herunterzuhandeln, sondern auch dann, wenn wir hinterm Sofa staubsaugten, die Wäsche zum Trocknen hängten oder Kinder gebaren. Der bekannteste dieser Ökonomen war ein junger Mann aus Pennsylvania. Sein Name war Gary Becker.

Zusammen mit anderen Chicago-Ökonomen begann Gary Becker, die ökonomischen Standardmodelle um Phänomene wie Haushaltsarbeit, Diskriminierung oder die Organisation der Familie zu erweitern.

Warum ausgerechnet in Chicago?, könnte man sich fragen, war doch die sogenannte Chicagoer Schule geprägt von ihrer strikten neoliberalen Agenda und berüchtigt für ihren ökonomischen Fanatismus.

Die Fakultät, die nach dem Krieg einen Aufschwung erlebt hatte, war bekannt als Festung für ökonomische Kritiker, die jedwede staatliche Einmischung in das Marktgeschehen monierten. Lauter als anderswo wurden hier, an den Ufern des Michigan-Sees, Forderungen nach Deregulierungen und Steuersenkungen laut. Milton Friedman, der später rechtsgerichtete Politiker wie Margaret Thatcher auf nahezu sakrale Weise inspirieren sollte, war im Jahr 1946 hergekommen, 1958 war sein Freund George J. Stigler gefolgt.

Also: Wie kam es, dass ausgerechnet die Chicago-Ökonomen sich mit einem Mal für die Frau interessierten?

Der französische Philosoph Michel Foucault hielt 1979 eine Vorlesungsreihe am Pariser Collège de France. Es war das Jahr, in dem Thatcher zur britischen Premierministerin ernannt wurde und die Ideen der «New Right» Legitimität zu genießen begannen – Foucault war darob äußerst besorgt. Er sprach viel über Gary Becker und die Theorie der Chicagoer Schule, die besagte, dass jeder Bereich der Gesellschaft mittels der ökonomischen Logik analysiert werden könne. Becker war überzeugt, jeder Mensch sei wie der ökonomische Mann, und folgerichtig sei die Logik der Ökonomie die einzige Logik, die man benötigte, um die Welt zu verstehen. Ganz gleich, worum es ging. Alles war Ökonomie. Und aus diesem Grund sollte die Ökonomie zu einer Theorie der Welt werden.

Foucault fand, dass dieser Becker als Phänomen ja durchaus interessant sei, es mit seiner Radikalität aber doch ein bisschen zu weit treibe. Nicht einmal die aufkeimende neoliberale Rechte könne einen so aggressiv-ökonomischen Imperialismus, wie Becker ihn vertrat, wirklich ernst nehmen. Dreizehn Jahre später, im Jahr 1992, wurde Gary Becker mit dem Wirtschaftsnobelpreis ausgezeichnet.

Zu diesem Zeitpunkt war Foucault seit sieben Jahren tot, und Gary Beckers Definition von Ökonomie – als eine auf sämtliche Lebensbereiche übertragbare Logik – hatte sich durchgesetzt. Der ökonomische Mann war so selbstverständlich geworden, dass die Ökonomen sich nicht mehr darum scherten, ob eine Aktivität transportable, mit einem Preisschild versehene Produkte hervorbrachte oder nicht. In der Welt des ökonomischen Mannes war alles mit einem Preisschild versehen – der einzige Unterschied bestand in der Währung. Und plötzlich waren sogar die typisch weiblichen Arbeitsfelder ökonomisch messbar.

Die Chicago-Ökonomen waren die Ersten, die Frauen ökonomische Legitimität zusprachen. Problematisch war allerdings, wie sie es taten. Die Wirtschaftswissenschaftlerin Barbara Bergmann hat dies wie folgt formuliert: Zu behaupten, die Chicago-Ökonomen «seien keine Feministen, wäre ungefähr so, als würde man sagen, Königstiger sind keine Vegetarier».

Die Chicago-Ökonomen erforschten jene Welt, die der Frau zugeteilt worden war. Gerüstet mit ihren ökonomischen Modellen begaben sie sich auf eine Expedition, um etwas herauszufinden, das sie längst wussten. Denn die Antwort hatten sie ja schon: den ökonomischen Mann. Er war der Traum von einer Ordnung, in der sich alles auf denselben Fond herunterkochen ließ – objektiv, rein und klar wie Kloßbrühe. Ein System unausweichlicher Gesetzmäßigkeiten.

Gut, über Jahrtausende hinweg war die Frau systematisch aus jenen Kategorien verbannt worden, die die Gesellschaft zum Mittelpunkt ökonomischer und politischer Macht gemacht hatte, aber das war doch sicher bloß ein Versehen. Eine Frau konnte doch genauso gut ein Homo oeconomicus sein wie ein

Mann. Wenn er unabhängig, isoliert und wettbewerbsorientiert sein konnte, warum nicht auch sie? Wie sollte sie denn sonst sein?

Die Chicago-Ökonomen stellten gänzlich neue Fragen, stützten sich dabei aber auf eine alte Logik: Warum heiratet ein Mensch? Um seinen Nutzen zu maximieren. Warum setzt man Kinder in die Welt? Um seinen Nutzen zu maximieren. Warum lässt sich jemand scheiden? Um seinen Nutzen zu maximieren. Die Ökonomen entwickelten ihre Formeln und stellten Gleichungen auf. Und siehe da! Sie funktionierten! Sogar bei Frauen!

Die geringen Gehälter der Frauen mussten darauf beruhen, dass sie weniger verdienten, mutmaßten die Chicago-Ökonomen. Die Welt war schließlich rational, und der Markt hatte immer recht – und entschied der Markt, dass Frauen weniger Geld verdienten, dann hatte das sicher seine Richtigkeit. Die Ökonomen mussten nur noch eine Erklärung dafür liefern, warum der Markt auch hier die rechte Entscheidung traf.

Die Chicago-Ökonomen gingen davon aus, dass die Gehälter von Frauen niedriger ausfielen, weil sie weniger produktiv waren. Sie waren nicht faul oder unbegabt, keineswegs, doch für eine Frau war es schlichtweg nicht rational, sich ebenso sehr ins Zeug zu legen wie ein Mann, würde sie ihre Karriere doch ohnehin für einige Jahre auf Eis legen, wenn sie erst einmal Kinder bekäme. Es gab keinen Grund, sich weiterzubilden oder vom Job zerschleißen zu lassen. Und weil Frauen weniger in ihre Karrieren investierten, verdienten sie weniger Geld.

Diese Analyse sorgte für Furore. Doch allmählich, als die Theorie auf den Prüfstand gestellt wurde, zeigte sich, dass die Argumente der Wirklichkeit nicht standhielten. Viele Frauen investierten genauso viel in ihre Ausbildung wie Männer und verdienten dennoch weniger – ganz gleich, wie sehr sie sich anstrengen mochten. Der Grund schien etwas zu sein, das auf den Namen «Diskriminierung» hörte, aber wie sollten die Chicago-Ökonomen dieses Phänomen erklären?

Gary Beckers Theorien zur Rassendiskriminierung sind der

bekannteste Erklärungsversuch. Becker meinte, Diskriminierung rühre ganz einfach daher, dass manche Menschen eine Präferenz dafür hätten, sich nicht mit Schwarzen zu umgeben. Wenn alle Menschen rational waren und Diskriminierung existierte, musste auch diese etwas Rationales sein.

Ein Kunde, der zufälligerweise Rassist ist, wird vermutlich kein Restaurant besuchen, in dem schwarze Kunden bedient werden, so wie er die Präferenz hat, seinen morgendlichen Kaffee mit vier Schüssen Milch zu trinken. Daraus zieht Becker den Schluss, dass schwarze Arbeitskräfte einen gewissen Kundenkreis abschrecken, was der Arbeitgeber wiederum kompensiert, indem er ihnen einen geringeren Lohn zahlt. Zudem könnten weiße, rassistische Angestellte eine Entschädigung dafür verlangen, mit Schwarzen zusammenarbeiten zu müssen, und rassistische Kunden könnten auf niedrigeren Preisen bestehen. Kurz gesagt: Wenn man rassistische Kunden anlocken will, obwohl man schwarze Arbeitskräfte beschäftigt, muss man eine Entschädigung dafür anbieten, dass die Waren im Lager von farbigen Händen abgepackt werden. Und all diese Faktoren führen dazu, dass Schwarze weniger verdienen.

Gewiss, auch Gary Becker fand Diskriminierung ziemlich unbehaglich, doch gleichzeitig war er überzeugt, dass es dem Markt eines Tages gelingen würde, auch dieses Problem zu lösen. Und dafür musste man nur eines tun: nichts.

Geschäft A, das ausschließlich weiße Angestellte beschäftigt, würde früher oder später den Kürzeren ziehen gegenüber Geschäft B, das geringere Lohnkosten hat, gerade weil es Schwarze beschäftigt. Irgendwann würden Firmen begreifen, dass es sich günstiger stellt, die Arbeit aufzuteilen. Schwarze und Weiße könnten in unterschiedlichen Dependancen ein und desselben Unternehmens arbeiten – auf diese Weise müsste den Weißen keine Entschädigung gezahlt werden. Anders formuliert: Die Fairness hat gewonnen, alle kriegen weniger Geld.

Aber so, wie die Ökonomen es sich ausgemalt hatten, sollte es nicht kommen. Die Diskriminierung nahm kein Ende – weder die der Schwarzen noch der Frauen. Doch für die Geschlechterdiskriminierung hatte man noch weitere Erklärungen in petto. Gary Beckers Theorie zur Hausarbeit lautete ungefähr so:

Was tut eine verheiratete Frau, wenn sie von der Arbeit nach Hause kommt? Sie räumt in der Küche auf, bügelt und hilft den Kindern bei den Hausaufgaben. Was tut ein verheirateter Mann, wenn er von der Arbeit nach Hause kommt? Er liest die Zeitung, schaut fern und vielleicht spielt er noch kurz mit den Kindern. So stellte Becker sich das vor.

Ihm zufolge verwendeten berufstätige Frauen den überwiegenden Teil ihrer Freizeit auf Hausarbeit, was natürlich weit anstrengender sei, als nach Dienstschluss die Füße hochzulegen. Und genau hier liege die Erklärung dafür, dass es rational sei, Frauen weniger zu bezahlen, seien sie von all dem Gutenachtgeschichten-Vorlesen und der Putzerei doch viel erschöpfter als Männer – und im Büro weniger belastbar.

Gleichzeitig behaupteten Ökonomen das Gegenteil: Der Grund dafür, dass Frauen sich um den Haushalt kümmerten, seien ihre niedrigen Löhne. Da Frauen weniger verdienten, bedeutete es für die Familie geringere ökonomische Verluste, wenn sie zu Hause blieb.

Die Quintessenz: Frauen verdienten weniger, weil sie sich um den Haushalt kümmerten, und kümmerten sich um den Haushalt, weil sie weniger verdienten.

Die Hypothesen der Chicago-Ökonomen drehten sich im Kreis.

Andere Theorien stellten die Behauptung auf, Frauen seien für die Hausarbeit schlicht und einfach geboren. Wenn die Frauen den Abwasch machten, den Kindern die Nase putzten und Einkaufslisten schrieben, dann deshalb, weil dies die effizientere Arbeitstaufteilung war. Die Ökonomen modellierten die Familie als eine singuläre Einheit mit einem einzigen Willen; eine Art Kleinunternehmen, das selbständig agierte, auf der Basis einer gemeinsamen Nutzenfunktion.

Der Mann griff nach dem Portemonnaie, die Frau nach dem

Topfhandschuh – weil die Frau die Hausarbeit besser zu verrichten wusste. Griffe der Mann nach dem Topfhandschuh, wäre er weniger effektiv, und das würde zulasten der Einheit Familie gehen. Doch woher wollten die Ökonomen das wissen? Ganz einfach: Wenn die Familie nicht davon profitieren würde, dass die Frau sich um den Haushalt kümmert, hätten schon längst die Männer diese Arbeit übernommen. Aber das war nicht geschehen.

Stichhaltige Argumente dafür, warum Frauen im Haushalt effektiver waren, lieferten sie nicht. Wenn überhaupt ein Wort darüber verloren wurde, bemerkte man nur knapp, das sei der Biologie geschuldet.

Wenn in der Vergangenheit die patriarchalische Ordnung legitimiert werden sollte, wurde fast immer Bezug auf den Körper genommen. Menschsein wurde damit gleichgesetzt, den Körper dem Intellekt zu unterstellen, ein Akt, zu welchem der Frau die Fähigkeit abgesprochen wurde. Folglich, dachte sich die Gesellschaft, stünden ihr auch keine Menschenrechte zu. Die Frau wurde der Körper, damit der Mann die *Seele* sein konnte. Immer stärker wurde sie an die körperliche Wirklichkeit gekettet, sodass er sich von selbiger freimachen konnte.

Den Chicago-Ökonomen war es daher ein Leichtes, alles auf die Biologie zu schieben. Seit dem 18. Jahrhundert war behauptet worden, dass alles, was natürlich war, unveränderlich sei. Doch die Frage, die man sich stellen sollte, ist nicht, wie die biologischen Unterschiede beschaffen sind, sondern welche Schlüsse man aus ihnen zieht.

Dass die Frau die Kinder austrägt, heißt nichts anderes, als dass sie es ist, die die Kinder austrägt. Es heißt nicht, dass sie daheim bleiben und das Baby stillen muss, bis es die weiterführende Schule besucht.

Dass der weibliche Hormoncocktail mehr Östrogene enthält, heißt nichts anderes, als dass der weibliche Hormoncocktail mehr Östrogene enthält. Es heißt nicht, dass eine Frau keine Mathematikprofessorin werden kann.

Dass die Frau ein Körperteil besitzt, dessen einzige Funktion darin besteht, ihr Lust zu verschaffen, heißt nichts anderes, als dass sie ein Körperteil besitzt, dessen einzige Funktion darin besteht, ihr Lust zu verschaffen. Es heißt nicht, dass sie nichts in einem Vorstand zu suchen hat.

Sigmund Freud behauptete tatsächlich, Frauen könnten von Natur aus besser putzen. Dies führte der Vater der Psychoanalyse auf den der Vagina anhaftenden Schmutz zurück. Frauen schrubbten, fegten und wischten Staub, um ein Gefühl zu kompensieren, das tief in ihrem Innern verankert war. Aber was wusste Freud schon über die Vagina?

In Wahrheit ist das weibliche Geschlechtsorgan ein elegantes und selbstregulierendes System – viel hygienischer als beispielsweise der Mund. Eine Unzahl Laktobazillen (richtig, die aus dem Joghurt) arbeiten rund um die Uhr, um alles hübsch sauber zu halten.

Eine gesunde Vagina ist etwas saurer als ein schwarzer Kaffee (pH-Wert 5), doch weniger sauer als eine Zitrone (pH-Wert 2). Freud hatte keine Ahnung, wovon er redete.

Kein Aspekt der weiblichen Biologie prädestiniert sie für unbezahlte Hausarbeit. Oder dafür, ihren Körper für einen lausig bezahlten Job im öffentlichen Sektor zu schinden. Will man den globalen Zusammenhang zwischen ökonomischer Macht und dem Besitz eines Penis legitimieren, muss man woanders suchen. Aber so weit kamen die Chicago-Ökonomen gar nicht erst. Und auch innerhalb ihrer Theoriearbeit drängen sich einige Fragen auf. Ist totale Spezialisierung in einem Haushalt tatsächlich rational? Ist es «profitabel», dass sich ein erwachsener Mensch für den Haushalt aufopfert, während der andere seine Karriere verfolgt? Selbst wenn die Welt vollkommen rational wäre, warum sollte es sinnvoll sein, dass der eine Part sein gesamtes Leben der unbezahlten Hausarbeit widmet, während der andere einer bezahlten Arbeit außerhalb der heimischen vier Wände nachgeht? Ganz gleich, wer was tut, wann sollte ein solche Arbeitsteilung sinnvoll sein?

Na schön, vielleicht wenn man vierzehn Kinder und keine

Geschirrspülmaschine hat und Stoffwindeln in einem großen Bottich im Garten abkochen muss. Wenn die Hausarbeit einem derart viel Kraft und Zeit abverlangt, mag es Sinn ergeben, dass sich eine Person ausschließlich dieser Aufgaben annimmt. Es sind harte, anstrengende Arbeiten, doch wenn man jeden Moment seiner wachen Zeit auf sie verwendet, wird man mit der Zeit effektiver. Die Spezialisierung einer Person erhöht die Produktivität der familiären Einheit. In einer modernen Gesellschaft und einer Familie mit weniger Kindern jedoch kann der Gewinn nicht sonderlich hoch sein. Die Geschirrspülmaschine anzuschmeißen oder die Staubsaugertüte auszuwechseln nimmt nicht unbedingt weniger Zeit in Anspruch, wenn man zehn Jahre seines Lebens nichts anderes gemacht hat. Doch in dieser Hinsicht waren die Chicago-Ökonomen keine sonderlich progressiven Denker.

In ihrer Argumentation wird stets davon ausgegangen, die im Haushalt erworbenen Erfahrungen besäßen auf dem Arbeitsmarkt keinen Wert. Die Person, die für den Haushalt verantwortlich zeichnet, büßt Arbeitserfahrung ein, und daher, so die Ökonomen, sei es nur logisch, dass er oder sie weniger verdient. Mit anderen Worten: Die Fähigkeiten, die bei der unbezahlten Hausarbeit erworben werden, zählen nur zu Hause.

Aber könnte es nicht sein, dass man seine Führungskompetenzen verbessert, indem man erfolgreich einen Haushalt schmeißt? Dass man ein besserer Analytiker wird, wenn man ein Kind großzieht? Eltern sind Ökonomen, Diplomaten, Handwerker, Politiker, Köche und Krankenpflegepersonal.

Sie spielen, üben sich in Geduld und schließen Kompromisse. Beantworten die großen Fragen: Mama, warum ist der Himmel so blau? Papa, warum tragen Kängurus ihre Babys in einem Beutel mit sich rum? Mama, wie lang dauert die Ewigkeit?

Wenn man, wie die Chicago-Ökonomen, davon ausgeht, dass ein Haushalt stets eine gemeinsame Nutzenfunktion hat, werden die familiären Konflikte unsichtbar. Doch in Wahrheit kann die Erwerbstätigkeit außerhalb der heimischen vier

Wände die Machtverhältnisse innerhalb der Familie sehr wohl beeinflussen. Und das wiederum bedingt die Entscheidungen der Familie: Mama hat weniger zu sagen, weil Papa die Rechnungen bezahlt.

Dass Wettbewerb und Kaufkraft die gesamte Gesellschaft prägen, aber nicht die Familie, ist – wie so vieles in der sogenannten Ökonomie – eine unhaltbare Behauptung.

Ganz gleich, wie die Ökonomen argumentieren mochten, sie kamen stets zum selben Ergebnis: Die Unterordnung der Frau sei rational. Ihre benachteiligte ökonomische Position auf der ganzen Welt sei das Resultat einer freien Wahl. Was sonst?

Das Märchen der Ökonomie zeichnet das Individuum ohne Körper, also auch ohne Geschlecht. Zugleich werden dem ökonomischen Mann sämtliche Eigenschaften zugeschrieben, die in unserer Kultur mit Männlichkeit assoziiert werden. Er ist rational, distanziert, objektiv, wettbewerbsorientiert, einsam, unabhängig, selbstsüchtig, vernünftig und hat stets ein klares Ziel vor Augen: die Welt zu erobern.

Er weiß, was er will, und begibt sich auf die Jagd, um es sich zu holen.

All die Dinge, die er nicht ist – Gefühl, Körper, Abhängigkeit, Gemeinschaft, Selbstaufopferung, Sensibilität, Natur, Passivität, Kontext –, sind Attribute, die traditionell der Frau unterstellt werden.

Blanker Zufall!, behaupten die Ökonomen.

Als die Chicago-Ökonomen herausfanden, dass Frauen existierten, versuchten sie diese in ihre Modelle einzupassen, als wären sie wie der ökonomische Mann. Kein so leichtes Unterfangen, wie Gary Becker es sich vorgestellt hatte. Seit Adam Smith hatte die Theorie vom ökonomischen Mann vorausgesetzt, dass jemand anders für Rücksichtnahme, Fürsorge und Abhängigkeit stand. Der ökonomische Mann konnte nur deshalb Vernunft und Freiheit sein, weil jemand anders das Gegenteil verkörperte. Dass die Welt von Eigeninteresse gesteuert wurde, ließ sich nur deshalb behaupten, weil es noch eine andere Welt gab, gesteuert von einer anderen Kraft. Und zwischen diesen zwei Welten wurde eine Trennlinie gezogen. Das Männliche ins Töpfchen – das Weibliche ins Kröpfchen.

Wer im Märchen der Ökonomie mitzuspielen beliebt, muss sich verhalten wie der ökonomische Mann. Sich seinem Männlichkeitsideal unterordnen. Und doch gründet sich die sogenannte Ökonomie stets auch auf eine weitere Geschichte, die von all dem handelt, was ausgesperrt wird, damit der ökonomische Mann seine Rolle spielen kann.

Damit er sagen kann, es gebe noch etwas anderes.

Jemand anders muss Gefühl sein, damit er Vernunft sein kann. Jemand anders muss Körper sein, damit er drum rum kommt. Jemand anders muss abhängig sein, damit er selbständig sein kann. Jemand anders muss empfindsam sein, während er die Welt erobert. Jemand anders muss sich aufopfern, damit er selbstsüchtig sein kann.

Und irgendwer muss dieses vermaledeite Steak braten, damit Adam Smith behaupten kann, das spiele keine Rolle.

VIERTES KAPITEL

In dem wir sehen werden, dass unser Pakt mit dem ökonomischen Mann sich anders gestaltet, als wir uns das vorgestellt haben

«Die Ökonomie handelt von Geld und davon, warum Geld gut ist», hat Woody Allen einmal behauptet. Doch ganz so einfach ist das nicht.

Laut Berechnungen des britischen Ökonomen John Maynard Keynes war jedes Pfund, das Francis Drake im Jahre 1580 von den Spaniern erbeutet und nach England zu Königin Elisabeth gebracht hatte, 350 Jahre später hunderttauend Pfund wert. Zusammengenommen entsprach dies der Gesamtsumme aller britischen Auslandsinvestitionen zur Blütezeit des Imperiums.

Als Keynes dies berechnete, schrieben wir das Jahr 1930, das Jahr nach dem Wall-Street-Crash von 1929. Die Weltwirtschaftskrise stand kurz bevor: Elftausend amerikanische Banken würden havarieren, die Arbeitslosenquote würde an der 25-Prozent-Marke kratzen, rund die Hälfte der amerikanischen Kinder würde in Armut aufwachsen. Und die ganze Welt würde in Mitleidenschaft gezogen werden. Der Welthandel würde ausbleiben, der Faschismus voranschreiten, und über Europa würde sich ein dunkler Schatten legen. Keynes' Großbritannien befand sich seit Mitte der 1920er Jahre in einem Konjunkturtief. Es waren wahrlich keine rosigen Zeiten, doch John Maynard Keynes war Optimist.

Er war überzeugt, dass ein ähnlicher Effekt wie der, der Francis Drakes erbeutete Pfunde aufgewertet hatte, weil Königin Elisabeth sie klug anzulegen wusste, auch die ökonomischen Probleme des 20. Jahrhunderts würde lösen können. Wenn wir nur gut investierten, würden unsere Ressourcen früher oder später gedeihen – durch den Zinseszins. Und ein Jahrhundert später würde niemand mehr Hunger leiden müssen.

Die ökonomischen Probleme auf der Welt waren lösbar. Wir könnten und würden sie überwinden, und eines Tages würden sie nicht mehr als blasse Erinnerungen an eine düstere, magere Zeit sein: die schlechten Wohnverhältnisse, die Hungersnot, die mangelnde Krankenpflege, die Armut, die Verzweiflung, der Hunger, das Leiden der Kinder, die leeren Blicke der Erwachsenen.

Ökonomisches Wachstum war die Lösung. Würde es gelingen, die Ökonomie auf die Beine zu bringen, hätte der Mensch, jedenfalls in Europa und den USA, schon im Jahr 2030 keinen Grund mehr zur Besorgnis. Nach Keynes' Berechnungen würde es uns sogar so gut gehen, dass wir im Grunde genommen nicht mehr arbeiten bräuchten. Stattdessen könnten wir uns der Kunst, der Poesie, der Spiritualität und der Philosophie widmen, das Leben genießen und – wie Keynes es formulierte – die «Lilien auf dem Felde» bestaunen.

Wachstum war der Weg, die Lilien das Ziel.

Als John Maynard Keynes im Jahre 1930 im Londoner Stadtteil Bloomsbury saß und an seinen Werken schrieb, kam es ihm so vor, als wäre der Mensch dazu gezwungen, sein Leben auf den Markt auszurichten. Das war der einzige Weg, den materiellen Problemen der Welt zu begegnen, leider. Denn einige damit einhergehende Umstände verursachten Keynes, gelinde gesagt, Unbehagen.

Neid, Gier und Konkurrenz – in den vergangenen zweihundert Jahren war alldem eine derart hohe Bedeutung beigemessen worden, dass man hätte meinen können, sie wären der Gipfel der Moral, befand der britische Ökonom. Ohne egoistische Bienen gibt es keinen Honig. Uns blieb nichts anderes übrig, als egoistisch zu sein. Deshalb, überlegte sich Keynes, müssten wir so tun, als wäre Gerechtes ungerecht und Ungerechtes gerecht, denn Ungerechtigkeit schien nützlich zu sein. Gier funktioniert immer.

Leider.

So wie vor ihm Adam Smith ging auch Keynes davon aus, dass es sich bei der Liebe um ein knapp bemessenes Gut handelte. Unser Eigeninteresse war die Lokomotive, die den ökonomischen Zug ins Rollen bringen würde. Und das hatte die Wirtschaft, angesichts der Armut auf der Welt, bitter nötig. Die erste Priorität musste sein, die materiellen Bedürfnisse zu stillen. Die Lilien, die Spiritualität etc. pp. müssten warten. «Es gibt Menschen auf der Welt, die sind so hungrig, dass Gott ihnen allein als Brot erscheinen kann», hat Mahatma Gandhi es formuliert.

Der ökonomische Mann und die durch ihn verkörperten Ideale würden uns reich machen. Anschließend könnten wir ihn über den Haufen werfen. Die Ökonomie war der Weg, die Lilien das Ziel. Wir können sie später bewundern, im Augenblick haben wir keine Zeit! Für Keynes war der ökonomische Mann ein nützlicher Idiot – jemand, von dem wir uns eines Tages würden verabschieden können. Danke schön und auf Nimmerwiedersehen! Denn im Grunde war das Weltbild, für das er stand, äußerst unbehaglich.

Doch sobald wir unsere ökonomischen Probleme gelöst hätten, würden wir uns erlauben können, den ökonomischen Mann für das anzusehen, was er in Wahrheit war: «eine dieser semikriminellen, semipathologischen Anlagen, die man unter einem Schauern den Spezialisten für psychische Krankheiten anvertraut», wie Keynes es ausdrückte.

Erwartungsfroh blickte Keynes dem Tag entgegen, an dem der Mensch sich der wirklichen Kunst des Lebens würde widmen können. Wären die wirtschaftlichen Probleme erst einmal überwunden, ließe sich das ganze Ökonomie-Geschwafel ad acta legen. Die Ökonomie würde zur Aufgabe eines kleinen Spezialistentrupps, «ungefähr wie Zahnärzte», malte Keynes es sich aus. Und wenn es den Ökonomen dann noch gelingen würde, als ein so bescheidener und kompetenter Menschenschlag zu gelten wie die Zahnärzte, wäre das ganz vortrefflich.

Wie sehr er doch daneben lag.

Gewiss, in einer Hinsicht sollte Keynes Recht behalten: Wir sind reich geworden. Die weltweite ökonomische Entwicklung hat jegliche Erwartungen übertroffen, auch wenn Anfang der düsteren 1930er Jahre kaum daran zu denken war, dass sich die Wirtschaft überhaupt erholen könnte. Keynes mag ein Optimist mit einem unerschütterlichen Glauben an die Kraft des Wachstums gewesen sein, doch ein Phänomen wie das moderne China hätte er sich wohl kaum ausmalen können. Ein Land, das binnen drei Jahrzehnten ein Wirtschaftswachstum von 9 Prozent verzeichnen konnte, und dessen Mittelschicht binnen fünfzehn Jahren von 174 Millionen auf 806 Millionen angewachsen ist.

China ist eine Sache. Auch das Wirtschaftswachstum der westlichen Länder hat Keynes' Erwartungen übertroffen. Nicht zu vergessen die enormen Fortschritte in weiteren Bereichen, von der Medizin über die Biologie, Datenverarbeitung, Telekommunikation bis hin zum Transport. Sollte all das tatsächlich auf die Rechnung des ökonomischen Mannes gehen, hat er ohne Zweifel seine Berechtigung.

Hingegen scheint das Leben, das Keynes vorschwebte – voller Ruhe und Glück und Lilien und Ökonomen, die freundlichen Zahnärzten gleichen –, äußerst abwegig.

Unsere Gesellschaft ist von der Ökonomie besessen wie nie zuvor. Die «ökonomische» Denkart, die Keynes zufolge Stück für Stück in den Hintergrund rücken sollte, ist immer tiefer in unsere Kultur eingedrungen.

Keynes war überzeugt, dass wir mit den ökonomischen Idealen einen Pakt schließen könnten: Erst würden sie uns dabei helfen, für Wohlstand zu sorgen, um uns dann unser Leben leben zu lassen. Ein besseres Leben, als es uns sonst möglich gewesen wäre.

Der ökonomische Mann mag für Wohlstand gesorgt haben, doch zurückgezogen hat er sich deshalb nicht.

Er hat das Ruder übernommen.

Die Ökonomie ist nicht in den Hintergrund getreten, damit wir uns der Kunst, der Spiritualität und einem Leben, wie

Keynes es sich vorgestellt hatte, widmen können, ganz im Gegenteil. Die ökonomische Logik ist auf sämtliche Lebensbereiche übertragen worden – auch auf die Kunst, die Spiritualität und den Müßiggang.

In den Buchhandlungen stapeln sich Titel wie *Freakonomics* oder *Männerbeschaffungsmarketing*. Bestseller, die uns erläutern wollen, wie sich die Gesetze des Marktes auf nahezu jeden Bereich unseres Lebens applizieren lassen. Vom nächsten Arztbesuch bis hin zu unserem Liebesleben. Von *Freakonomics* wurden weltweit mehr als vier Millionen Exemplare verkauft. Die Ausgangsthese ist, dass die Logik des Marktes den Menschen von Grund auf erklären kann, sein Denken und Handeln. Es gibt nichts, was sich mithilfe der Ökonomie nicht kalkulieren ließe: Ob es nun um die Vorteile eines Vanilleeis geht oder um den Wert eines Menschenlebens.

Wenn Sie gern Zeit mit ihrer Großmutter verbringen und Schwäche für Schokoladenpudding haben, gibt es eine bestimmte Menge Schokoladenpudding, die Sie dafür entschädigen könnte, Ihre Großmutter niemals wieder zu sehen. Zumindest laut der ökonomischen Standardmodelle. Und die behaupten ja von sich, einfach alles erklären zu können.

Und nicht nur ins populärwissenschaftliche Bücherregal hat dieser Trend Einzug gehalten. Auch an den Universitäten analysieren die Ökonomen zunehmend mehr Lebensbereiche, als würde es sich dabei um Märkte handeln. Von Selbstmord (der Wert eines Lebens wird mit dem Wert eines Unternehmens gleichgesetzt; und jetzt ist es Zeit dichtzumachen) bis zu vorgetäuschten Orgasmen (er muss kein Augenmerk darauf legen, ob sich ihre Pupillen verengen, ob sie stöhnt, ob ihr Rücken einen Bogen beschreibt – er kalkuliert ganz einfach, ob sie es ernst meint).

Es wäre interessant zu wissen, was Keynes über einen amerikanischen Ökonomen wie David Galenson gedacht hätte. Galenson hat eine statistische Methode entwickelt, mit der er die bedeutsamsten Kunstwerke der Welt zu ermitteln sucht. Wenn man ihn fragt, welches Kunstwerk des vergangenen Jahrhunderts das wichtigste sei, wird er antworten: *Les Demoiselles d'Avignon*, denn das hat er so ausgerechnet.

Was sich in Zahlen ausdrücken lässt, wird schnell zur Gewissheit.

Fünf nackte Prostituierte in der Carrer d'Avinyó in Barcelona. Bedrohliche, kantige, unzusammenhängende Körper, zwei davon mit afrikanischen Masken über den Gesichtern. Das große Ölgemälde, das Picasso im Jahr 1907 vollendete, ist laut Galenson das bedeutsamste Kunstwerk des 20. Jahrhunderts, und zwar deshalb, weil es so oft wie kein anderes Bild als Abbildung in Büchern auftaucht. Und daran macht Galenson seinen Wert fest. Mit einer ökonomischen Methode, die auch die Preise von Lauch oder Biogas erklären könnte, soll nun auch Kunstrezeption analysiert werden.

Ökonomie ist nicht länger dazu da, uns materielle Unabhängigkeit zu gewährleisten, damit wir die Kunst genießen können, so wie Keynes es sich dachte. Die Ökonomie ist die Brille, durch die hindurch wir die Kunst betrachten sollen.

Und alles andere auch.

Zu fragen, was den Wert eines Kunstwerks ausmacht, ist die eine Sache: Warum ist diese Installation zwölf Millionen wert und jene hundert Millionen? Eine völlig andere Sache ist es, wie Charles Gray, einer der Herausgeber von *The Economics of Art and Culture*, zu argumentieren. Er schreibt: «Wir alle möchten glauben, Kunst sei etwas Besonderes, doch ich halte nichts von der Behauptung, es gäbe einen Unterschied zwischen künstlerischem und ökonomischem Wert».

Demnach ließe sich die ökonomische Werteskala auf einfach alles applizieren. Die Ökonomie ist dann keine Wissenschaft mehr, die es ermöglicht, sich wichtigeren Dingen zu widmen, im Gegenteil: Die ökonomische Logik ist die einzig wirkliche.

Keynes hoffte, dass die Menschheit ihren Pakt mit dem ökonomischen Mann eines schönen Tages würde aufkündigen können. Dass Gier etwas Gutes sei, das war doch bloß so dahingesagt. Trotz der materiellen Entwicklung ist das «ökonomische Problem» bei Weitem nicht gelöst. Würden wir ein Spiel spielen und jedes Jahr das weltweite Wirtschaftswachstum in gleichmäßige Teile aufteilen, sodass ein Teil auf jeden der sechseinhalb Milliarden Menschen auf der Welt käme, ergäben sich rund 11 000 Dollar pro Kopf, und niemand müsste mehr Hunger leiden. Doch wenn wir dieses Spiel hinter uns lassen und uns wieder der Realität zuwenden, sieht die Welt ganz anders aus.

Die Hälfte der Weltbevölkerung lebt von weniger als zwei Dollar am Tag. Die meisten von ihnen sind Frauen. Armut hat sich zu einer Frauenfrage entwickelt. Millionen Frauen führt die Hoffnung auf ein besseres Leben in andere Länder, weit entfernt von ihren Kindern – entweder um gegen Bezahlung die Kinder anderer zu lieben oder um sich als Putzfrau, Kellnerin, Fabrik-, Land- oder Sexarbeiterin zu verdingen, auf der Schattenseite der Weltwirtschaft.

Extrem reiche Länder grenzen an extrem arme. Extremer Reichtum ist oft durch nur wenige Blöcke von extremer Armut getrennt, in reichen wie in armen Ländern. Die globale Wirtschaft hat die westliche Frau mit ihren weniger privilegierten Schwestern aus dem Süden und Osten zusammengeführt. Manchmal wohnen sie unter ein und demselben Dach – aber nicht in derselben Welt. Sie begegnen sich als Arbeitgeberin und Arbeitnehmerin, als Herrin und Dienerin.

Jedes Jahr sterben rund eine halbe Million Frauen bei der Geburt ihrer Kinder. Die meisten von ihnen könnten überleben, wenn sie Zugang zu medizinischer Versorgung hätten. Wenngleich es kaum noch eine internationale Organisation gibt, die nicht einige hübsch formulierte Worte darüber verloren hat, dass Frauen der Schlüssel zur Entwicklung armer Länder seien, will es der Welt partout nicht gelingen, ausreichend in die Ausbildung und medizinische Versorgung von Frauen zu investieren. In den USA, einem der reichsten Länder der Welt, ist das Risiko, dass eine Frau infolge einer Schwangerschaft stirbt, höher als in vierzig anderen Ländern.

Männerleben sind wertvoll. Die Leben von Frauen sind wertvoll im Verhältnis zu denen der Männer. Medizinische Versorgung und Nahrung kommt erst einmal den Männern zu, dann den Frauen – wenn überhaupt. Die Folgen sind dramatisch hohe Sterberaten bei Frauen: in Teilen Nordafrikas, in China und in Südasien. Ein Junge bedeutet ökonomische Vorteile für die Familie, und die moderne Technik hat es ermöglicht, das Geschlecht eines ungeborenen Kindes schon im Mutterleib zu erkennen. Abtreibungen von Mädchen, weil sie Mädchen sind, kommen in Ostasien, China, Südkorea und auch in Singapur und Taiwan vor.

In China kommen auf 100 Frauen 107 Männer, in Indien 108. Berechnungen des Ökonomen Amartya Sen zufolge gäbe es hundert Millionen Frauen mehr auf der Welt, wenn die Lebenserwartung der Frauen nicht durch mangelnde Ernährung und schlechtere Krankenversorgung verringert worden wäre.

Jene hundert Millionen «vermisster Frauen» sind die schlussendliche Konsequenz eines Systems, in dem siebzig Prozent der ärmsten Menschen auf der Welt Frauen sind, das reichste Prozent der amerikanischen Bevölkerung ein Viertel des Gesamteinkommens verdient, und vermögende Familien in Hongkong, Palm Springs oder Budapest Haushälterinnen anheuern, die ihre Häuser reinigen, ihre Kinder trösten und selbst in Slums leben müssen.

Die heutige Welt ist von ökonomischen Problemen geprägt, wie sie Keynes sich niemals hätte vorstellen können. Im Süden sterben die Armen an Hunger, im Westen an Fettsucht. Ein reicher Bundestaat wie Kalifornien wendet mehr Geld für Gefängnisse denn für Universitäten auf. Eltern müssen so hart dafür schuften, ihren Kindern etwas bieten zu können, dass sie kaum mehr Zeit für sie haben. Fast jeden plagen finanzielle Sorgen – auch die Mittelschicht.

Zugleich ist einer exklusiven globalen Elite eine Welt des maßlosen Konsums und der absoluten sozialen Abgrenzung herbeifantasiert worden. Es ist ihr Leben, das als Ideal präsentiert wird, nicht Keynes' Lilien. Der namhafte Ökonom hatte geglaubt, dass wir weniger arbeiten und konsumieren, sobald wir wohlhabend sind.

Wie sehr man sich doch irren kann.

*

Am 12. Dezember 1991 unterzeichnete Lawrence Summers, lange bevor er Finanzminister im Kabinett von Bill Clinton, Präsident der Harvard University und wirtschaftlicher Chefberater Barack Obamas werden sollte, ein internes Memo. Zu diesem Zeitpunkt war Summers Chefökonom der Weltbank, und die Nachricht wurde an vier Personen verschickt.

«Mal unter uns», war darin zu lesen, «sollte sich die Weltbank nicht vermehrt für den Transfer schmutziger Industrien in die LDC (die am wenigsten entwickelten Länder) einsetzen?» Und weiter: «Ich bin schon immer der Meinung gewesen, dass unterbevölkerte Länder in Afrika extrem UNTER-verschmutzt sind.... Die ökonomische Logik hinter dem Gedanken, giftige Abfälle im Land mit den niedrigsten Löhnen zu entsorgen, erscheint mir untadelig, also sollten wir uns näher damit auseinandersetzen.»

Wie sich herausstellen sollte, hatte Summers diese Zeilen nicht selbst verfasst. Ein junger Ökonom aus seinem Team steckte dahinter. Summers hatte sich den Text lediglich durchgelesen und seine Unterschrift darunter gesetzt, um ihm mehr Gewicht zu verleihen. Trotzdem verteidigte er das Memo, als hätte er es selbst geschrieben. Schließlich sei die ökonomische Logik «untadelig». Allerdings, räumte Summers ein, seien die Argumente aus ihrem Zusammenhang gerissen und das Memo verfasst worden, um zu provozieren. Und das war ihm zweifellos gelungen. Der Text war den Medien zugespielt worden, woraufhin die Umweltschützer an die Decke gingen. Wie konnte eine VN-Organisation wie die Weltbank auf solche Ideen kommen? Giftmüll auf arme Menschen abwerfen?

Die Zeitschrift *The Economist*, die Summers' Text abgedruckt hatte, sah das Ganze etwas gelassener. Gut, der Ton sei «ziemlich krass gewesen, sogar für ein internes Memo», hieß es, doch die ökonomische Logik sei, so wie Summers es formuliert hatte, «untadelig».

Für jemand, der kein Proseminar in Politischer Ökonomie belegt hat, mag dies sehr abstrakt klingen, doch man muss sich klarmachen, dass die «ökonomische Logik» nicht irgendeine Logik ist, sondern eine große Erzählung über den wahren Sinn der menschlichen Existenz.

Da es heißt, der Mensch werde von nichts so stark angetrieben wie von seiner ökonomischen Natur, sehen sich die Ökonomen dazu berufen, den Menschen zu verstehen. Sie wollen uns erklären, wie wir die Welt zu gestalten haben, damit wir bestmöglich von ihr profitieren können. Denn darauf ist unsere Natur ausgelegt: Wir möchten profitieren.

Stets das beste Angebot finden – koste es, was es wolle.

Summers meinte, dass, wenn wir «schmutzige» Industrien von Frankfurt nach Mombasa verlegen, sowohl Frankfurt als auch Mombasa davon profitieren. In Frankfurt verbessert sich die Umweltlage, in Mombasa werden Arbeitsplätze geschaffen. Den Schmutz sollen sie ruhig in Kauf nehmen!

Das mag sehr hart klingen, doch genau das war die Absicht der ökonomischen Standardmodelle: Die schönen Geschichten dürfen die anderen erzählen, die ökonomische Geschichte ist die wahre. Wir sind der ökonomische Mann. Ob wir wollen oder nicht.

Selbstverständlich wird der Giftmüll, so wie zuvor in Frankfurt, auch in Mombasa zu Problemen führen. Doch «die Forderung nach einer sauberen Umwelt zu ästhetischen und gesundheitlichen Zwecken hat vermutlich eine hohe Einkommenselastizität», schloss Summers. Ein erhöhtes Prostatakrebsrisiko treffe die Menschen härter, die in Ländern mit einer so hohen Lebenserwartung leben, dass sie überhaupt an Prostatakrebs erkranken können. In Ländern, wo 20 Prozent der Kinder ihren fünften Geburtstag nicht erleben, habe man schließlich andere Sorgen.

Dass die westlichen Länder mit ihrem Giftmüll ein erhöhtes

Prostatakrebsrisiko mitliefern, wird für die Bewohner ein kleineres Übel darstellen. Sie werden das Angebot akzeptieren. Weil sie das Geld und die Arbeitsplätze brauchen. Wenn das Ganze nicht rational wäre, nähmen sie das Angebot nicht an. Denn der Mensch handelt immer rational.

Stellen Sie sich vor, Kenia und Deutschland wären keine Länder, sondern Individuen. Die Vorstellung sollte so schwer nicht fallen, schließlich verhalten Länder sich, als wären sie rationale Individuen. Nennen wir sie Herr K. und Herr D.

Herr K. ist arm und hungrig, Herr D. dagegen reich und wohlgenährt. Allerdings hat Herr D. einen riesigen Eimer mit radioaktivem Abfall. Deshalb bietet er Herrn K. 200 Euro, wenn er ihm den Eimer abnimmt.

Für Herrn D. sind die 200 Euro Peanuts, für Herrn K. sind 200 Euro eine stattliche Summe. Und weil sich Herr K. nicht sonderlich um dieses Problem mit der Radioaktivität schert (er hat genug damit zu tun, hungrig zu sein), nimmt er das Angebot an.

Beide profitieren: Herr D. ist den radioaktiven Abfall los, Herr K. bekommt 200 Euro. Alle sind happy, abhängig von den jeweiligen ökonomischen Präferenzen.

Die Argumentation stützt sich auf die Annahme, wir seien kalkulierende, rationale Individuen mit konstanten, unveränderlichen Präferenzen. Daran, was geschehen würde, wenn Herrn D. mit dem Giftmüll in seiner Wohnung in Frankfurt leben müsste, verschwendet das Modell keinen Gedanken. Womöglich würde Herr D. eines Tages aufgehen, dass er eine langfristige technische Lösung für das Problem finden muss. Doch so verkauft er sein Problem einfach an Herrn K., der keine langfristige Lösung wird entwickeln können, weil er nicht über die entsprechende Ausbildung verfügt. Die Welt wird die potenzielle Lösung niemals zu Gesicht bekommen. Und am Ende ist die Gesellschaft der Verlierer. Klingt mächtig rational, nicht?

Solche Möglichkeiten gehören zu den Szenarien, die von der

Theorie missachtet werden. Es spielt keine Rolle, wie großen Hunger Herr K. hat. Er ist und bleibt ein rational kalkulierendes Individuum mit vollständiger Kontrolle über sein Handeln. Er erbietet sich, für Herrn D. die Müllhalde zu spielen, weil das rational ist. Für die «untadelige» ökonomische Logik sind die beiden nur zwei Individuen auf einer Insel mit ihren jeweiligen Präferenzen. Der eine will sich den Giftmüll vom Halse schaffen, der andere braucht Geld, um sich Nahrung kaufen können. Kontext, Zukunft oder Zusammenhang existieren nicht, und deshalb gibt es nur eine mögliche Lösung: Herr D. verkauft seinen Müll an Herrn K.

«Ihre Argumentation ist ebenso schlüssig wie wahnsinnig», schrieb José Lutzenberger, Brasiliens damaliger Umweltminister, an Lawrence Summers.

Eine untadelige ökonomische Logik ist die eine Sache, die Region rund um Guiyu in China eine ganz andere.

In Guiyu in der Provinz Guangdong landen jährlich eine Million Tonnen Elektroschrott. Rund 150 000 Menschen sind damit beschäftigt, die Geräte zu sortieren und zu zerlegen. Die meisten von ihnen arbeiten für kleine Familienunternehmen, viele von ihnen sind Frauen.

Computer, Bildschirme, Drucker, DVD-Player, Kopier- und Mikrowellengeräte, Autobatterien, Lautsprecher, Ladegeräte und Telefone – mit kleinen Werkzeugen und bloßen Händen wird alles in seine Einzelteile zerlegt. Leiterplatten werden geschmolzen, um an die Prozessorchips zu kommen, Kabel verbrannt, um wertvolle Metalle freizulegen; und um das Gold aus Mikrochips zu gewinnen, werden ätzende Säurebäder eingesetzt. Der Boden rund um Guiyu ist von Blei, Chrom, Zinn und anderen Schwermetallen verseucht. Das Trinkwasser ist ungenießbar. Der Fluss ist schwarz. Der Bleigehalt im Blut der Kinder ist 88 Prozent höher als in den angrenzenden Regionen.

Dabei verbietet die chinesische Gesetzgebung den Import von Elektroschrott. Peking hat das Basler Übereinkommen unterzeichnet, das Giftmüllexporte in arme Länder untersagt –

vergebens. Die USA verfrachten 90 Prozent ihres Elektroabfalls nach China oder Nigeria.

In Guiyu kostet Wasser zehnmal mehr als in der Nachbargemeinde Chendian, da das Wasser erst einmal aus Chendian geholt werden muss. Das eigene Wasser ist vergiftet.

Und das kostet.

Die ökonomische Logik ist untadelig?

Achtzig Jahre nach Keynes würde kaum jemand die Aufgabe der Wirtschaftswissenschaften darin sehen, mit der Armut in der Welt aufzuräumen. Das Selbstbild der Ökonomie hat sich gewandelt.

Wenn es in den vergangenen Jahrzehnten galt, sich für eine Seite zu entscheiden – reich oder arm, mächtig oder machtlos, Arbeiter oder Unternehmer, Mann oder Frau –, haben die Ökonomen sich fast immer auf derselben Seite getroffen. Was den Reichen und Mächtigen zuträglich war, schien auch der Ökonomie gut zu tun. Zudem hat die Ökonomie sich zu einer zunehmend abstrakten Wissenschaft entwickelt: fiktive Haushalte, fiktive Unternehmen, fiktive Märkte, die dem ökonomischen Mann nachempfunden waren.

Inzwischen sind Ökonomen mehr daran interessiert, ihre Theorien auf alle möglichen Themenbereiche zu projizieren – von Phänomenen wie Rassismus bis hin zu Orgasmen – als sich der Erforschung des realen Marktes zu widmen.

Die ökonomischen Probleme, über die Keynes sich den Kopf zerbrach, sind keineswegs überwunden und werden in vielen Fällen vertuscht.

Wenn wir alle rationale Individuen sind, erübrigen sich Fragen nach Rasse, Klasse und Geschlecht. Denn wir sind frei. So wie die Frau im Kongo, die in Sex mit Milizsoldaten einwilligt – für drei Konservendosen. Oder die Frau in Chile, die auf einer Obstplantage arbeitet, obwohl die Pflanzenschutzmittel zu Nervenerkrankungen bei dem Kind führen werden, das sie in zwei Jahre gebären wird. Oder die Frau in Marokko, die in einer Fabrik arbeitet und gezwungen ist, ihre älteste Tochter aus der Schule zu nehmen, damit die sich um ihre Geschwister kümmern kann. Sie alle sind sich der Konsequenzen ihres Tuns vollkommen bewusst und treffen stets die bestmögliche Entscheidung.

Freiheit ist nur ein anderes Wort dafür, nichts mehr verlieren zu können.

Ökonomen sind überzeugt, dass sie die Ursachen menschlichen Verhaltens ergründen. Ihre Kritiker kratzen bloß an der Oberfläche. Wenn man die Daten nur hinlänglich malträtiert, werden sie die Wahrheit offenbaren: Alles ist der ökonomische Mann.

Eine Logik. Eine Welt. Eine Art zu sein. Was wollen wir mit Lilien?

FÜNFTES KAPITEL

In dem wir die Frau hinzugeben und kräftig umrühren

«In diesem Gebäude hab ich den längsten Schwanz», pflegte Judith Regan, eine der gefürchtetsten Geschäftsfrauen der USA, von ihrem Schreibtisch aus zu schreien, dass es nur so durch den von ihr geleiteten Verlag hallte.

Wir sind im Begriff, die Männer zu werden, die wir einst heiraten wollten, triumphierte die Frauenbewegung der Siebzigerjahre.

Der Wunsch, einen Mann zu haben, wich dem Wunsch, zu haben, was ein Mann hatte. Trotz der beachtlichen Fortschritte, die aus diesem Projekt resultierten, drehte es sich noch immer ums eins: die Männer.

«We did it!», war auf dem *Economist*-Cover der Neujahrsausgabe 2010 zu lesen, als es in den OECD-Ländern mehr weibliche als männliche Universitätsabsolventen gab. Heute sind in den meisten Industrieländern mehr Frauen denn je berufstätig, und manche von ihnen leiten Konzerne, die sie früher wie Bürger zweiter Klasse behandelten.

Doch die Idee einer Vollzeitarbeit, setzt noch immer voraus, dass sich jemand anders ganztags um den Haushalt kümmert. Frauen sollen einer Vollzeitbeschäftigung nachgehen, doch eine Rund-um-die-Uhr-Haushaltshilfe können sich die Wenigsten leisten. Wer hält den Haushalt der Haushälterin in Ordnung? Wer kümmert sich um die Tochter des Kindermädchens? Dies sind keine rhetorischen Fragen, sondern Probleme, deren Lösungen sich allein in den komplexen Pflege- und Betreuungsketten finden lassen, die sich um die globale Ökonomie gelegt haben.

Mehr als die Hälfte aller Migranten auf der Welt sind weiblich, in einigen Ländern liegt der Anteil sogar zwischen 80 und 90 Prozent. Das Leben dieser Frauen besteht aus langen Arbeitstagen und niedrigen Löhnen. Hausarbeit ist mühsam, isoliert und ungeregelt. Sie leben oft dort, wo sie arbeiten – im Haus anderer Leute. Sie sind Teil der Familie – und doch wieder nicht.

Die Qualität ihrer Arbeit ist in höchstem Maße abhängig von der Beziehung, die sie zur Familie aufbauen. Je mehr sie sich einleben, desto besser werden sie ihre Rolle als Kinderfrau ausfüllen. Nicht selten sehen die Kinder sie öfter als die eigene Mutter, vom Vater ganz zu schweigen. Manchmal werden sie geliebt. Doch je mehr sie sich integrieren, desto schwerer fällt es ihnen, über Löhne und Arbeitsbedingungen zu verhandeln. Die Rollen zu trennen ist kaum noch möglich. Arbeiten sie aus Eigeninteresse? Aus Liebe? Oder beides? Sie haben die Kinder liebgewonnen: Wie könnten sie es da übers Herz bringen zu kündigen?

Arbeitgeber nehmen sich häufig heraus, diese Situation zu ihrem Vorteil zu nutzen.

Erfüllt die Kinderfrau ihre Erwartungen nicht, scheitert sie. Macht sie ihre Arbeit zu gut, dann ebenfalls. Entwickeln die Kinder eine stärkere Bindung zu ihr als zu ihren Eltern, sind Mama und Papa ganz und gar nicht erfreut, und ihre Karriere nimmt ein jähes Ende. Welch ein Drahtseilakt!

In den USA beträgt die durchschnittliche Arbeitszeit für Hausangestellte vierzehn Stunden. Laut einer Studie der *Human Rights Watch* ist es vielen verboten, das Haus ohne Erlaubnis verlassen. Verbale, körperliche und/oder sexuelle Übergriffe sind an der Tagesordnung. Zu einer Anzeige kommt es aber in den seltensten Fällen. Oft hat sie keine Aufenthaltserlaubnis und Angst vor der Abschiebung. Sie lebt in ständiger Sorge. Vor allem um ihre Kinder, die auf der anderen Seite des Planeten leben.

Das ist die eine Seite der Medaille.

Auf der anderen Seite verdient eine philippinische Hausangestellte in Hongkong genauso viel wie ein männlicher Arzt auf dem philippinischen Land. In Italien verdienen Kinderfrauen oft sieben- bis fünfzehnmal mehr als in ihren Heimatländern. Sind sie Opfer? Und wenn ja, im Vergleich zu wem?

Mit ihrer Arbeit versorgt die Frau sowohl sich selbst als auch ihre Familie. Das gibt ihr Macht. Gegenüber ihrem Vater und gegenüber ihrem Exmann. Macht und Freiheit. In vielen Ländern trägt das Geld, das ausgewanderte Frauen nach Hause schicken, mehr zur wirtschaftlichen Entwicklung bei als sämtliche Gelder von Hilfsorganisationen und Auslandsinvestitionen. Auf den Philippinen entspricht dies gar schwindelerregenden zehn Prozent des BIP.

Andererseits: Es wird sich nur lohnen, die Haushälterin zu beschäftigen, solange sie weniger kostet als die Frau, die sonst putzen würde (die Frau der westlichen Familie). Folglich stützt dieses System sich auf eine beständige Ungleichheit unter Frauen.

Die Frau hat sich auf den Arbeitsmarkt begeben und sich von einem beträchtlichen Teil der Hausarbeit freikaufen können. Etwas anderes blieb ihr nicht übrig. Will man Karriere machen, gilt es, das Familienleben an den Haken zu hängen, sobald man das Büro betritt. Zeit abzuliefern, Zeit an sich zu denken. Der Arbeitsmarkt ist noch immer hochgradig von der Idee infiziert, Menschen seien körper- und geschlechtslose, nutzenmaximierende Wesen, ohne Familie oder Kontext. Die Frau muss sich entscheiden. Entweder sie verwandelt sich in ein solches Wesen oder sie ist das Gegenteil: das Unsichtbare und Selbstlose, das benötigt wird, damit die Gleichung aufgeht.

Häufig sind es die äußeren Umstände, die ihr diese Entscheidung abnehmen.

Die feministische Ökonomin und Politikerin Marilyn Waring beschreibt in einem ihrer Bücher die unbezahlte Arbeit einer jungen Frau im Low Veld in Simbabwe. Ihr Tag beginnt um vier Uhr in der Früh mit einem kilometerlangen Marsch, um Wasser zu holen. Drei Stunden später ist sie wieder daheim. Sie sammelt Holz, macht den Abwasch, kocht das Mittagessen, spült abermals, geht nach draußen, um Gemüse zu ernten, holt dann ein zweites Mal Wasser, bereitet das Abendbrot vor, bringt ihre Geschwister zu Bett – bis sich ihr Arbeitstag gegen neun Uhr abends dem Ende zu neigt. Laut der ökonomischen Standardmodelle ist sie nicht produktiv, geht keiner Arbeit nach und ist deshalb ökonomisch irrelevant.

Das Fleisch hacken, den Tisch decken, die Kinder anziehen und zur Schule fahren, den Müll sortieren, die Fensterbänke abstauben, die Schmutzwäsche sortieren, die Bettlaken mangeln, den Rasenmäher reparieren, das Auto tanken, Bücher und Legosteine auflesen, Telefonate entgegennehmen, im Flur Staub wischen, die Hausaufgaben kontrollieren, den Boden bohnern, das Treppenhaus schrubben, das Bett machen, die Rechnungen bezahlen, das Waschbecken säubern und die Kinder ins Bett bringen – all das ist keine Arbeit.

Das Hauptargument dafür, Hausarbeit nicht in das BIP einzubeziehen, lautet meist, dass sie keine Rolle spiele. In einer Gesellschaft falle ohnehin immer die gleiche Menge Hausarbeit an, heißt es. Aber wie können die Ökonomen sich dessen so sicher sein, ohne es je versucht zu haben?

In der heutigen Welt verbringt eine Frau schätzungsweise zwei Drittel ihres Arbeitstages mit unbezahlten Tätigkeiten, bei Männern liegen die entsprechenden Vergleichswerte bei 25 Prozent. In Entwicklungsländern mit ausgeprägter Landwirtschaft ist die Kluft noch größer. In Nepal arbeiten Frauen rund 21 Stunden mehr pro Woche als Männer, in Indien sind es rund zwölf Stunden.

In ländlichen Teilen von Asien und Afrika migrieren die Männer häufig in die Städte, und die Frauen bleiben zurück. Sie erfahren keinerlei Unterstützung, weder durch die Männer noch durch den Staat, und müssen die dreifache Bürde aus Beruf, Hausarbeit und Landwirtschaft auf sich nehmen.

Wenn ein Mann seine Haushälterin heiratet, wird das BIP des Landes geschwächt, belieben Ökonomen hin und wieder zu scherzen. Doch wenn er seine Mutter ins Altenheim schickt, steigt es wieder an. Abgesehen davon, dass dieser Witz so einiges über den Blick auf die Geschlechterverhältnisse verrät, führt er uns vor Augen, wie ein und dieselbe Arbeit in den BIP-Berechnungen berücksichtigt und ignoriert werden kann.

Nachdem verheiratete Frauen sich auf den Arbeitsmarkt begeben hatten, begannen sie, mehr Zeit auf Tätigkeiten zu verwenden, die statistisch berücksichtigt wurden (außerhalb der heimischen vier Wände), und weniger Zeit auf Tätigkeiten, die nicht einbezogen wurden (Hausarbeit). Daraus folgte, dass in den westlichen Ländern das BIP in die Höhe schnellte. Ob die Statistiken die Wirklichkeit korrekt abbildeten, steht auf einem anderen Blatt geschrieben. Da sich zuvor niemand darum geschert hatte, Hausarbeit zu berücksichtigen, wurde das Wohlstandswachstum vermutlich überschätzt. Gewiss, Waschmaschinen, Mikrowellengeräte und Stabmixer gestalten die Hausarbeit inzwischen weniger zeitaufwändig – die Kluft muss also nicht sonderlich groß sein –, doch der springende Punkt ist: Wir wissen es nicht.

Wenn man sich ein umfassendes Bild von der wirtschaftlichen Lage verschaffen möchte, kann man nicht darauf pfeifen, womit die halbe Bevölkerung die Hälfte ihrer Zeit zubringt.

Hausarbeit ist nicht leichter oder schwerer zu messen als andere Faktoren, die heutzutage ins BIP einbezogen werden. Zum Beispiel wird mühevoll ermittelt, wie viel die Produkte wert sind, die ein Bauer auf seinem Hof produziert, aber nicht auf dem Markt verkauft. Wenn es um Hausarbeit geht, werden derlei Anstrengungen nicht unternommen. Die Arbeit der Frauen ist eine natürliche Ressource, von der wir glauben, wir müssten sie nicht berechnen. Denn sie wird ja ohnehin immer da sein. Wie eine Art unsichtbare Infrastruktur.

In Kanada wurde der Versuch unternommen, den Anteil unbezahlter Arbeit am BIP zu berechnen. Das Ergebnis: zwischen 30,6 und 40,1 Prozent. Die erste Ziffer basiert auf Schätzungen, wie viel es kosten würde, unbezahlte Arbeit durch bezahlte zu ersetzen. Die zweite darauf, wie viel eine Person verdienen würde, wenn sie in der Zeit, die sie sonst auf Hausarbeit verwendet, einer bezahlten Arbeit nachginge.

Ganz gleich, welche Methode angewandt wird – die Ziffern sind beachtlich.

Um wirtschaftlich florieren zu können, braucht eine Gesellschaft Menschen, Kompetenzen und Vertrauen. Das sind genau die Ressourcen, die vor allem durch unbezahlte Hausarbeit hervorgebracht werden. Glückliche und gesunde Kinder sind die Grundvoraussetzung für jede positive Entwicklung – auch die ökonomische. Der ökonomische Mann hingegen hat weder Kindheit noch Kontext. Er schießt aus der Erde wie ein Pilz. Und wenn die Theorie annimmt, dass wir alle wie er sind, bleibt ein beträchtlicher Teil der Ökonomie unsichtbar.

In der Praxis ist der ökonomische Mann eine Möglichkeit, Frauen auszusperren.

Um die Idee des ökonomischen Mannes als universales Prinzip aufrechtzuerhalten, gilt es, die Frau in das Modell hineinzustopfen, und zwar so, als wäre sie genau wie er. Bitte sehr, Madame! Hier haben Sie dieselben Rechte und dieselbe Freiheit, um sich auf dem Arbeitsmarkt zu behaupten. Viel Erfolg!

Die Frau soll ihren Wert auf einem Arbeitsmarkt unter Beweis stellen, der sich noch immer vorwiegend auf den Bedürfnissen des Mannes gründet. Sie soll sich in Kategorien behaupten, die von und für Männer geschaffen wurden – auf Basis einer Wirklichkeit, die Frauen aussperrt. Da sind Probleme vorprogrammiert.

Man kann nicht einfach Frauen in den Topf werfen und kräftig umrühren.

Im Jahr 1957 schickte Betty Friedan, eine zweifache, sechsunddreißigjährige Mutter, vor einem anstehenden Klassentreffen einen Fragebogen an ihre ehemaligen Mitschülerinnen. Seit ihrem Abschluss am Smith College waren nun fünfzehn Jahre verstrichen, und die meisten Absolventinnen der weiblichen Eliteschule hatten, so wie Friedan, mit Hausarbeit und Kindern alle Hände voll zu tun. Doch Friedan war außerdem als freischaffende Journalistin tätig. Als sie schwanger wurde, hatte sie ihre Festanstellung verloren, und nun wollte sie herausfinden, wie ihre ehemaligen Klassenkameradinnen über ihr Leben dachten, um die Erkenntnisse womöglich in einem Artikel zu verarbeiten.

Friedan formulierte ein paar wirkungsvolle Fragen und schickte den Fragebogen los. Das Ergebnis war schockierend. Die meisten der Frauen, die auf dem Papier alles hatten, was das Herz begehrt, waren in Wahrheit todunglücklich. Das verbotenste aller Gefühle.

Angst, sexuelle Frustration, Verzweiflung – die *wahren* Gefühle dieser *echten* Hausfrauen standen in scharfem Kontrast zu den medial verbreiteten Bildern von glücklichen Frauen in glücklichen Vororten. Folgende Dinge machten das Amerika der Nachkriegszeit aus: der Wettlauf ins All, ein enormes Wirtschaftswachstum und lächelnde Kinder, die in Garagenzufahrten spielen. Friedan wusste nicht, wie sie ihre Entdeckung in Worte fassen sollte. Dafür gab es schlichtweg keine Sprache. Also begann sie, vom «Problem ohne Namen» zu sprechen.

Unzufrieden, desorientiert, tablettensüchtig, in die Irre geführt von der Psychoanalyse, von der Gesellschaft ignoriert – das war die wahre Hausfrau. Friedan schrieb ihren Artikel, und als ihn keine Zeitung publizieren wollte, blieb ihr nichts anderes übrig, als das Material in ein Buch zu verwandeln.

In den USA erschien *Der Weiblichkeitswahn* 1963. Darin schrieb Friedan über die Frauen der oberen Mittelschicht, die in ihren perfekten Reihenhäusern gefangen waren und nachts in ihre Kissen weinten. Die Vorstellung, ihr Leben drehe sich um nichts anderes als darum, einen Mann zu finden, ihn zu halten, Kinder zu gebären und die eigenen Bedürfnisse zu unterdrücken, fraß sie Stück für Stück auf. Es war ein Ideal, das sie zusammen mit magischen Pillen schlucken mussten, um es überhaupt herunterwürgen zu können. Den Frauen wurde weisgemacht, sie seien naive, possierliche Geschöpfe, geschaffen für ein Leben im trauten Heim, fürs Kinderkriegen und Konsumieren. Und wollten sie etwas anderes, waren sie schlicht und einfach krank. Schluck ein paar Pillen, nimm dir einen Liebhaber, kauf dir eine Waschmaschine! Das Buch verkaufte sich mehr als zwei Millionen Mal und «drückte auf den Abzug der Geschichte», wie es der amerikanische Autor Alvin Toffler formulierte.

Binnen einer Generation wurden die Begrenzungen dafür, was eine Frau erreichen, sein, denken, sagen und wovon sie erregt werden konnte, durchbrochen. Es geschah so schnell, dass die Revolution vorüber schien, noch ehe die Seiten sich eindeutig formiert hatten. Heute verfolgen wir fasziniert die Schicksale von Peggy, Joan und Betty, den Protagonistinnen der amerikanischen TV-Serie *Mad Men*. Eine Werbefirma zu Beginn der Sechzigerjahre: Frauen werden ignoriert, objektiviert und unsichtbar gemacht in einer augenscheinlich unbesiegbaren, von selbstverliebten, ketterauchenden, weißen Männern regierten Welt, die sich in einander und in stets gefüllten Whiskeygläsern spiegeln. Sah vor rund fünfzig Jahren der Arbeitsmarkt tatsächlich so aus?

Trotz der bemerkenswerten Fortschritte, die die Frauenbewegung bewirkt hat, ist es uns nicht gelungen, Töchter mit ausreichend Selbstbewusstsein großzuziehen. Mädchen zeigen heutzutage bessere Schulleistungen als Jungen – doch es geht ihnen schlechter. Depressionen sind eine Frauenkrankheit geworden. Nicht zu genügen, nicht genug zu leisten, nicht gut genug zu sein – ein konstanter Nieselregen unbesiegbarer Versagensängste, der auf sie herabfällt. Es sind nicht nur die Körper und Seelen der Hausangestellten, die unter dem Druck zusammenbrechen. Auch viele Frauen mit hohen Löhnen in der Privatwirtschaft erleiden einen Zusammenbruch und werden langfristig krankgeschrieben, ja selbst in den skandinavischen Wohlfahrtsstaaten. Und das, obwohl es dort um einiges leichter ist, Familie und Karriere unter einen Hut zu bringen, als anderswo.

Heutzutage wird viel von einer «Work-Life-Balance» gesprochen, ein Konzept, dass sich auf die Idee stützt, die Privatsphäre müsse strikt von der Öffentlichkeit getrennt werden.

Noch immer müssen Frauen dafür kämpfen, sich einen gleichberechtigten Zutritt in die Welt des ökonomischen Mannes zu verschaffen. Eine Frau muss härter arbeiten, um ihr Engagement unter Beweis zu stellen und dem Vorurteil entgegenzuwirken, sie gehöre in Wahrheit als Heimchen hinter den Herd. Gleichzeitig wird sie nach wie vor danach beurteilt, ob sie sich besser um Heim und Familie zu kümmern weiß als ein Mann. Der daraus resultierende Work-Life-Konflikt gilt als Frauenproblem, und ihre Aufgabe ist es, den Konflikt zu lösen: Steh auf der Arbeit deinen Mann, finde den richtigen Partner, schreib To-Do-Listen, entrümpele deine Handtasche, geh zum Yoga – und behalte bei allem, was du tust, stets die Uhr im Blick!

Der Frau wird suggeriert, ihr Körper sei kein Teil ihres Menschseins, sondern eine tickende Fruchtbarkeitsbombe, die genau dann explodieren wird, wenn sie kurz vor einer Beförderung steht.

Und damit wird ihre wahre Identität entlarvt: Sie ist eine Frau.

Mit der Schwangerschaft bricht das Gerüst zusammen. Die öffentliche und die private Sphäre, die es strengstens auseinanderzuhalten gilt, verschmelzen. Ihren schwangeren Bauch kann sie nicht mit dem Rest ihrer Persönlichkeit zu Hause lassen. Sie muss einen Teil der Privatsphäre ins Büro mitbringen, nämlich sich selbst.

Damit kann weder sie noch die Arbeitswelt umgehen, denn ein ökonomischer Mann hat weder tropfende Brüste noch Hormone. Er hat ja keinen Körper.

Kein Baby hat ihn jemals angespuckt.

Und kein Baby wird es jemals tun.

Die Forschung zeigt, dass Frauen in den westlichen Ländern seit den 1970er Jahren unglücklicher geworden sind. Es spielt dabei keine Rolle, aus welcher Gesellschaftsschicht sie stammen, ob sie verheiratet oder unverheiratet sind, wie viel sie verdienen, in welchem Land sie wohnen oder ob sie Kinder haben. Die typisch westliche Frau (afroamerikanische Frauen in den

Vereinigten Staaten ausgenommen) ist mit ihrem Leben unzufrieden. Männer sind indes glücklicher geworden. Womöglich ist das die sogenannte «Gleichstellung». Womöglich messen wir falsch. Womöglich lassen sich diese Aspekte gar nicht messen. Aber selbst dann, wenn man den Studien mit Skepsis begegnet, lässt sich nicht leugnen, dass sich viele Frauen in den Ergebnissen wiederfinden.

Wenn sie offen zu diesen Gefühlen stehen, muss für gewöhnlich der Feminismus als Sündenbock herhalten. Die Tatsache, dass Frauen sich schwer damit tun, in die Rolle des ökonomischen Mannes zu schlüpfen, wird als Beweis dafür gedeutet, dass sie nicht in die Öffentlichkeit gehören.

Es heißt, Ginger Rogers habe alles gekonnt, was Fred Astaire konnte – und zwar rückwärts und auf High Heels. Und genau das tun Frauen auch weiterhin. Zwar hat die Frau den Schritt auf den Arbeitsmarkt gewagt, aber Männer haben sich deshalb nicht im selben Maß im Haushalt engagiert. Und auch unsere Vorstellungen von den Grenzen zwischen Arbeits- und Familienleben haben sich im Grunde kaum verändert. Anstatt etwas Neues zu kreieren, versuchen wir lediglich diese Vorstellungen anders zu arrangieren.

Wir haben eine Frauengeneration hervorgebracht, die mit sich selbst viel zu hart ins Gericht geht. Sie brauchen keine männlichen, ketterauchenden Werbeagenturchefs mehr, die sie beäugen, als wären sie nichts wert, denn so sehen sie sich selbst. Und das, obwohl sie inzwischen selbst zur Agenturchefin aufgestiegen sind.

Einst verkündete der Feminismus, es gehe nicht um ein größeres Stück vom Kuchen, sondern darum, einen neuen Kuchen zu backen.

Leichter gesagt, als getan. Wir haben die Frau hinzugegeben und kräftig umgerührt. Eine ganze Generation Frauen scheint den flotten Ausruf *Du kannst alles sein, was du willst!* gedeutet zu haben als *Du musst alles sein!*

Und bist du es nicht, bist du nichts wert.

Ein halbes Jahrhundert nach Betty Friedans *Weiblichkeitswahn* sind wir auf ein neues «Problem ohne Namen» gestoßen. Die Feministin Naomi Wolf schreibt, wir seien daran gescheitert, unseren Töchtern eine Definition von Erfolg zu vermitteln, die sie einfach sie selbst sein lässt.

Mach mehr! Mach's besser! Stich die anderen aus! Das Ideal, dem es nachzueifern galt, war der ökonomische Mann. Die Befreiung der Frau, wie sie in den westlichen Ländern definiert wurde, schlug um in einen stattlichen Leistungskatalog. Dabei ging es doch einst darum, ihr Freiheiten zu verschaffen.

Auch die Freiheit, einfach sie selbst sein zu können.

Es ist nicht schlimm, wenn du nicht den längsten Schwanz hast. Es ist sogar völlig okay, überhaupt keinen Schwanz zu haben – selbst dann, wenn du eine Frau bist.

SECHSTES KAPITEL

In dem Las Vegas und die Wall Street verschmelzen

Sollten Sie sich einmal mit einer Flugabwehrkanone am Boden befinden und die Absicht haben, ein Flugzeug hoch über ihnen abzuschießen, wird es wenig Sinn machen, den Punkt anzuvisieren, an dem sich das Flugzeug gerade jetzt befindet. Bis das Projektil das Flugzeug erreicht haben wird, ist es längst weitergeflogen.

Stattdessen gilt es, den Punkt zu fixieren, an dem sich das Flugzeug einige Augenblicke später befinden wird. Das weiß natürlich auch der Pilot, und deshalb wird er so unberechenbar wie möglich fliegen.

Rechts. Links. Links. Rechts.

Auch die Person am Boden kann sich zwischen links und rechts entscheiden. Wird die Flugabwehrkanone in dieselbe Richtung abgefeuert, die auch der Pilot ansteuert: *Bam!* Der Pilot ist tot.

Wird sie in die andere Richtung abgefeuert, kommt der Pilot noch einmal glimpflich davon.

Deshalb tut er gut daran, die Entscheidungen zwischen links und rechts so zufällig und unberechenbar wie möglich zu treffen. Das gilt selbstredend auch für die Männer am Boden. Sobald der Pilot ein Muster erkennt, kann er sich daran orientieren, und das erhöht seine Überlebenschancen. Umgekehrt ebenfalls: Bemerken die Männer an der Luftabwehrkanone den Links-Drall des Piloten, wird die Chance, ihn zu treffen, ungleich größer.

1944 beschrieb der Mathematiker John von Neumann das soeben skizzierte Szenario als ein Nullsummenspiel mit zwei Akteuren. Ob Flugzeug und Flugabwehrkanone von Menschenhand oder maschinell betrieben werden, ist, wenn es nach von Neumann geht, völlig unerheblich. Das Handeln des Piloten richtet sich nach der Logik des Systems und hat nichts mit seiner Person zu tun.

Es spielt keine Rolle, welches Verhältnis er zu seiner Mutter hat, in welcher Gesellschaftsschicht er sozialisiert wurde, dass er laut dem Meyer-Briggs-Typenindikator zum Persönlichkeitstyp ESTJ gehört und sich noch immer dafür schämt, mit neun Jahren ins Bett gemacht zu haben.

Der Pilot wird so handeln, wie Professor von Neumann es prophezeit, und zwar deswegen, weil er gesteuert wird von der Logik der Situation und den Spielregeln, die in Kraft treten, sobald rationale Menschen aufeinandertreffen.

Anstatt uns den biografischen Hintergründen einzelner Menschen zu widmen, sollten wir herausfinden, was Menschen mit einem Computer gemein haben, fordert von Neumann. Oder besser gesagt mit jenem gigantischen Wirrwarr aus Elektronenröhren, Kabeln und Schaltern, das damals noch unter dem Namen «Rechenmaschine» oder «Elektrohirn» lief.

Laut von Neumann setzt sich die Existenz aus einer Anzahl Spiele zusammen, und die Handlungen der rationalen Akteure werden von einem größeren System bestimmt. Gewiss, Sie sind es, die einen Fuß vor den anderen setzen, doch die Entscheidungen, die dahinter stecken, treffen nicht Sie selbst. Jemand hat Sie aufgezogen und aufs Spielbrett gesetzt. Der Mensch, die Welt und der Verlauf der Geschichte sind mechanisch, vorprogrammiert und gesteuert von unpersönlichen Mächten. Ein Raumschiff ohne Kapitän. Adam Smiths Idee vom ökonomischen Mann hatte sich verselbständigt, um mit Lichtgeschwindigkeit ins Weltraumzeitalter zu düsen.

1944 erschien John von Neumanns und Oskar Morgensterns *Spieltheorie und wirtschaftliches Verhalten*, und damit war die Spieltheorie geboren. Der ökonomische Mann verwandelte sich selbst in eine ferngesteuerte Partie Schach. Die frühe Spieltheorie spann den alten Traum der klassischen Nationalökonomie weiter: Wenn sich das Buch der Gesellschaft mathematisch lesen ließe, dann würden wir alles verstehen. Von Neumann war überzeugt, dass durch die Spieltheorie allmählich die gesamte Gesellschaft erklärbar würde.

John von Neumann wurde 1903 in Budapest geboren und wuchs in einer Zeit auf, da die Stadt ihre schillerndste Epoche durchlebte: sie war ein Magnet für Wissenschaftler, Schriftsteller, Künstler, Musiker und eine Unzahl freigiebiger Millionäre, die der Kultur zugetan waren. «Mama, was rechnest du?», soll ein sechsjähriger von Neumann seine Mutter gefragt haben, als sie einmal gedankenverloren in die Luft starrte.

Getauft war er auf den Namen János, doch er wurde nur Johnny gerufen. Sein Vater war ein jüdischer Bankier. Dieser hatte einen Adelstitel erworben, den er nie selbst führte, aber an seinen Sohn weitergab. Im Alter von achtzehn Jahren zog John von Neumann nach Berlin, später nach Zürich, um ein Chemiestudium aufzunehmen. Zusätzlich promovierte er in Mathematik. Als der Zweite Weltkrieg immer näher rückte, ging von Neumann nach Princeton, wo er begann, mit dem Österreicher Oskar Morgenstern zusammenzuarbeiten. Der hatte sich bereits in den USA befunden, als Adolf Hitler sein Heimatland annektierte, und daraufhin beschlossen, auf der anderen Seite des Atlantiks zu bleiben. Gerüchten zufolge soll Morgensterns Großvater mütterlicherseits der deutsche Neunundneunzig-Tage-Kaiser Fredrik III. gewesen sein.

Im Frühling 1945, ein Jahr nach der Veröffentlichung von *Spieltheorie und wirtschaftliches Verhalten*, das für viel Wirbel gesorgt hatte, wurde von Neumann ins sogenannte Target Committee berufen, das mitbestimmen sollte, gegen welche japanischen Städte die neu entwickelte Atombombe der USA eingesetzt werden sollte. Zwei Jahre zuvor war von Neumann Mitglied des *Manhattan-Projekts* geworden, wo er als einer von mehreren ungarischen Wissenschaftlern an der Entwicklung der Bombe mitgewirkt hatte. Nach dieser «statistischen Eigentümlichkeit» befragt, pflegte von Neumann zu antworten, «es handele sich um das Zusammentreffen einiger kultureller Faktoren, die er nicht genau benennen könne: ein äußerer Druck auf die gesamte Gesellschaft in diesem Teil Zentraleuropas, ein unterbewusstes Gefühl der Unsicherheit auf Seiten der Einzelnen sowie die Notwendigkeit, Außergewöhnliches zustande zu bringen, um nicht ausgelöscht zu werden». Nun überwachte von Neumann die Berechnungen des Target Committees und kalkulierte die optimale Detonationshöhe, um durch die Explosion einen größtmöglichen Schaden zu erzielen.

Die erste Wahl fiel auf Kyoto, doch auf Anraten des Kriegsministers Stimson wurde diese Idee verworfen, da die Stadt historisch und kulturell zu bedeutsam war. Stattdessen wurde die auch *Little Boy* genannte Atombombe um 8:10 Uhr örtlicher Zeit aus sechshundert Metern Höhe über Hiroshima abgeworfen. Was folgte, war eine Fünftausend-Grad-Hitze, die Gebäude zum Schmelzen brachte, und eine Druckwelle, die Brücken niederriss und Gebäude zerbröselte. Abertausend brennende Menschen, die Haut völlig zerfetzt, stürzten sich schreiend in den Ōta, wo sie ertranken und zu anonymen Leichenbergen wurden. Dann fiel der radioaktive Regen. Wer das Feuer überlebt hatte, den tötete der Regen. Ein Tod, der in den folgenden Monaten immer weitere Kreise zog, wie ein Ausschlag, der sich rasch auf der Haut ausbreitet.

Wenige Tage später wurde eine weitere Bombe über Nagasaki abgeworfen.

Als der Zweite Weltkrieg vorüber war, begann der Kalte Krieg. John von Neumanns Spieltheorie wurde vom Zeitgeist absorbiert. Oder war es umgekehrt? Im damaligen politischen Klima passte die Erzählung wie die Faust aufs Auge: Der ökonomische Mann streifte sich einen Trenchcoat über und mischte sich im Kräftemessen zwischen Ost und West unter die Spione, als der nächste Schachzug zwischen den USA und der Sowjetunion über Leben und Tod des Planeten zu entscheiden schien. Vom Internet und multinationalen Terrornetzwerke war noch keine Rede, man rief sich auf roten Telefonen an, um zu diskutieren, ob man einander vernichten würde. Da schien es nicht abwegig, auch andere Beziehungen als eine Schachpartie zu betrachten. Die Zukunft hing vom nächstlogischen Zug ab. Der Gedanke war klaustrophobisch und befreiend zugleich: Alle sind Gefangene ein und desselben Dilemmas; Spielgegner auf ihrer jeweiligen Seite des Spielbretts, auf dem jedes Figürchen von nichts als einer unausweichlichen Rationalität bewegt wird.

Es heißt manchmal, es gebe eine Welt, in der Hiroshima unumgänglich und die von den brillantesten Hirnen des letzten Jahrhunderts erfunden und mathematisch ausgedrückt worden war.

Die frühe Spieltheorie hatte ausgerechnet, dass die Sowjetunion nur besiegt werden könnte, indem man sie durch einen Atomwaffenangriff vernichtete, ehe sie den USA zuvorkommen würde. Aber dass die Auflösung der Sowjetunion schlussendlich aus einer Collage aus friedlichen Demonstrationen, Parabolantennen, einem polnischen Papst, einer furchtbaren Kernkraftkatastrophe, Rock'n'roll, einem tschechischen Dramatiker und Lokalpolitikern in Leipzig, die sich weigerten, an einem gewöhnlichen Montag auf Zivilisten zu schießen, vonstatten gehen sollte, damit hatte keines der Modelle gerechnet.

Die Vorstellung, Kriege und Konflikte seien nichts anderes als rationale Abwägungen, hat bis zum heutigen Tag überlebt, nur dass die Austragungsorte für die Armwrestling-Meisterschaften der Supermächte nicht länger Berlin, Wien oder Warschau heißen, sondern vielmehr Kabul, Teheran oder Peschawar. Noch immer fordern Spieltheoretiker, wir sollten, anstatt spezifische Konflikte zu analysieren, die Faktoren in Augenschein nehmen, die Kriege, völlig unabhängig vom Kontext, rational machen. Kriege müssten erforscht werden wie «Krebs erforscht» wird, heißt es da. Statt zu versuchen, einzelne Patienten zu heilen und sich ihrer individuellen Schicksale anzunehmen, gelte es, die Krebszellen zu untersuchen.

Kriege sind etwas Rationales, sonst gäbe es sie nicht. Und wie lassen sich rationale, ökonomisch denkende Menschen davon abbringen, Kriege zu führen? Ganz einfach, mit einer «Kostenerhöhung». Der ökonomische Mann wendet nur dann Gewalt an, wenn es keine preiswertere Alternative gibt. Also, geben wir ihm eine.

John von Neumann starb 1957. Neben seiner Beteiligung an Hiroshima gilt er als einer der Väter der Informatik, außerdem geht ein leidlich geglückter Vorschlag, die polaren Eiskappen schwarz zu färben, damit in Island dasselbe Klima herrschen könnte wie auf Hawaii, auf seine Kappe. Und nicht zuletzt legte er mit seiner Spieltheorie den Grundstein für die moderne Finanzwirtschaft. Dr. Seltsam zog es an die Wall Street.

Mit all ihren Modellen und Theorien hatten die Wirtschaftswissenschaften lange Zeit herzlich wenig damit zu tun, wie Analysten und Trader auf den Finanzmärkten tatsächlich agierten. Doch das sollte sich in den 1950er und 1960er Jahren ändern.

Ein Unternehmen verkauft Aktien, um an Geld zu kommen. Mit diesem Geld kann es dann zum Beispiel expandieren, eine neue Filiale eröffnen, mehr Personal einstellen oder Renovierungen durchführen. Der Käufer wiederum kann mit den Aktien an der Börse spekulieren. Das führt zu Gewinnen und Verlusten, der Wert der Aktien steigt oder sinkt. Dieser Wert beeinflusst die Möglichkeiten des Unternehmens, Kapital zu akquirieren. Ein Abstraktionsniveau höher liegen Indexfonds und Derivate, um nur einige Beispiele anzuführen. Wenn man Aktien und Aktienmärkte mit Wetten auf ein Unternehmen vergleicht, dann sind Derivatmärkte und Indexfonds Wetten auf Wetten. Anstatt dass die investierten Gelder allmählich in die Wirklichkeit hinabtropfen, fahren sie damit fort, sich bis ins Unendliche zu multiplizieren.

In mathematischen Modellen lassen sich die Risiken dieser Märkte berechnen und darstellen, sodass man ihnen anders begegnen kann. Das ist genauso positiv für die Wirtschaft wie für die Gesellschaft. Es heißt jedoch nicht, dass diese mathematischen Modelle der Realität übergeordnet werden sollten. Doch genau das war nach John von Neumann der Fall. Mit verheerenden Konsequenzen – man denke nur an die Finanzkrise von 2008. Ab den 1980er Jahren basierten die Finanzmärkte fast ausschließlich auf abstrakter Mathematik.

So wie Physiker Gesetze für Materie und Energie formuliert hatten, versuchte sich die Finanzwirtschaft an Gesetzen für Aktien und Derivate.

Das Problem dabei ist, dass die Ökonomie sich nicht mit der Physik vergleichen lässt. Für die Wirtschaft lassen sich keine Gesetzte formulieren wie für Materie oder Energie. Im Physiklabor lässt sich ein und dasselbe Experiment zigfach durchführen, mit dem gleichen Ergebnis: Der Apfel fällt zu Boden, wenn man ihn loslässt. Die Ökonomie funktioniert anders. «Stellen Sie sich einmal vor, wie kompliziert Physik wäre, wenn Elektronen denken könnten», fasste es der amerikanische Physiker Murray Gell-Mann einmal zusammen. Der Markt besteht aus Menschen, die denken und, ja auch fühlen können. Der Markt ist kein Spiel. Jedenfalls nicht, solange er zu keinem gemacht wird.

Angespornt durch das Weltbild der Spieltheorie, fingen Ökonomen damit an, Roulette- und Würfelspiele zu studieren, um den Markt besser zu verstehen. Getreu dem Motto: Wenn die Welt ein Spiel war, war der Finanzmarkt ein großes Casino. Logisch.

Edward Thorp formulierte es so: «Die Wall Street ist ein gigantisches Casino. Nur dass das Spiel viel größer ist und mich deshalb mehr reizt als ein Casino.»

Thorp war Mathematikprofessor, Black-Jack-Spieler und später auch Hedgefonds-Manager. 1962 erschien sein Buch *Beat the Dealer*, in dem er beschrieb, wie man mit Mathematik beim Black Jack gewinnt. Fünf Jahre später folgte *Beat the Market*, in dem ein ähnliches Prinzip auf den Aktienmarkt angewendet wurde. Glücksspiel oder Wirtschaft? Las Vegas oder Wall Street? Alles wurde eins.

Als Ökonomen damit begannen, Modelle auf der Basis von Roulette- und Würfelspielen zu entwerfen, setzten sie implizit voraus, der Markt funktioniere ganz genau wie ein Glücksspiel. Doch wie im Casino die Würfel geworfen werden, sagt noch nichts darüber aus, wie sie in Zukunft fallen. Die auf den ersten Blick völlig unverfängliche Annahme, der Finanzmarkt wäre ein Casino, fußte auf dem Trugschluss, er hätte kein Gedächtnis. So wie beim Roulette die Kugel mal auf Rot, mal auf Schwarz landet, fällt oder steigt der Wert einer Aktie, ganz gleich, was vorher war. Der Markt vergisst und verzeiht. Morgen ist ein neuer Tag. Aus diesen Prinzipien wurde allmählich die Markteffizienzhypothese (kurz EMH) geboren, welche besagt, dass sich auf Finanzmärkten der Marktpreis stets am wahren Wert einer Ware orientiert. Der Markt hat immer recht. Im Grunde können Blasen nicht entstehen, und tun sie es doch, wird der Markt sich selbst korrigieren.

Bloß nicht einmischen!

Diese Argumentation stützt sich auf eine Reihe von Behauptungen. Erstens: Verkäufer und Käufer handeln vollkommen rational. Zweitens: Sie agieren auf Basis derselben Informationen, die sie gleichermaßen interpretieren. Drittens: Käufer und Verkäufer fassen ihre Beschlüsse autonom, ohne sich gegenseitig zu beeinflussen.

Da Informationen sich verbreiten wie ein Lauffeuer, wird davon ausgegangen, dass der Markt mehr weiß als jeder Mensch und sämtliche verfügbare Informationen automatisch und unmittelbar in sich aufnimmt. Adam Smiths allwissende, unsichtbare Hand schafft Ordnung, wo sonst ein Chaos menschlicher Sehnsüchte und Begehrlichkeiten wüten würde. Der Markt wird zu einem höheren, kollektiven Bewusstsein, das uns ebenso leitet wie diszipliniert. Der Markt kann nie im Unrecht sein – denn schließlich ist er ja nichts anderes als das Resultat jenes unendlichen Unterfangens, sämtliche im Marktpreis und in jeder noch so kleinen Börsenbewegung gespeicherten Informationen zu überblicken.

Theologen haben die Markteffizienzhypothese mit einer Art Gottesbegriff verglichen. Die Gründe dafür liegen auf der Hand.

Der Markt weiß mehr als Sie, er kann Sie zufriedenstellen und trifft Ihre Entscheidungen. Im Grunde eine abgedroschene Fantasie, doch niemals wurde sie weiter getrieben als in der Markteffizienzhypothese.

Adam Smith war überzeugt, es gäbe für jede Ware einen «natürlichen Preis», eine Art Gravitationszentrum der Marktpreise. Zucker mag, aus den verschiedensten Gründen, heute mehr und morgen weniger kosten, nichtsdestotrotz wird sein Marktpreis stets von einem natürlichen Preis angezogen. Allerdings wird die Ökonomie niemals in diesem Zustand verharren. Wenn sie es täte, käme das gesamte System zum Erliegen. Ergo kreist sie unablässig um ihr Equilibrium, hin- und hergerissen zwischen miteinander konkurrierenden Interessen.

Im Laufe der Zeit wurde diese Geschichte in eine mathematische Theorie gekleidet. Märkte werden gesteuert von Angebot und Nachfrage: Gibt es viele Regenschirme (großes Angebot) bei geringer Nachfrage (weil die Sonne scheint), fällt der Regenschirmpreis. Doch gibt es wenig Regenschirme (begrenztes Angebot) bei großer Nachfrage (es schüttet wie aus Eimern), steigt der Preis.

Dieses Bild vom Markt ist eher Poesie denn Wissenschaft. In einer statischen Welt gibt es keine Informationsprobleme, früher oder später ereilt jede Information den, der sie anzuwenden weiß. Doch in der Realität funktionieren die Märkte nicht so reibungslos wie in diesem Märchen von der Perfektion der Marktökonomie. So wie in der Sowjetunion wollen wir's nicht haben.

Das Märchen mag tröstlich sein. Andererseits ist es müßig, sich zu fragen, ob eine Marktökonomie in einer statischen Welt, in der alle Menschen vollkommen rational agierende ökonomische Männer sind, erfolgreich wäre. Wenn tatsächlich jeder Mensch ein ökonomischer Mann und die Welt statisch wäre, würde jedes ökonomische System funktionieren. Hätte jeder zu jedem Zeitpunkt Zugang zu sämtlichen Informationen und könnte alle potenziellen Konsequenzen seines Handelns abwägen, wäre die Ökonomie so berechenbar, dass sie sich zentral aus Moskau steuern ließe.

Ganz gleich, wie ausgefuchst die Modelle der Ökonomen auch sein mögen, so lange sie auf Annahmen basieren, die nichts mit der Realität zu tun haben, werden sie nichts über die Realität aussagen können. Die Markteffizienzhypothese wurde als «größter Fehler in der Geschichte der Finanzwirtschaft» bezeichnet.

Der Markt ist keine neutrale Maschine, die allen Waren den angemessenen Preis gibt. Der Megaspekulant George Soros geht sogar so weit zu behaupten, das Gegenteil sei der Fall: Der Markt liege nicht nur manchmal daneben, sondern immer. Die Akteure, die sich auf dem Markt tummeln, hätten ein falsches Bild vor Augen, und dieses Bild bestimme dann, wie sich die Dinge entwickeln. Erst wenn man dies begriffen hat, könne man so reich werden wie George Soros – behauptet George Soros selbst.

In der Welt der Spieltheorie macht es keinen Unterschied, ob im Flugzeug, das abgeschossen werden soll, ein Mensch sitzt oder nicht. Wie das Flugzeug durch die Salven der Luftabwehrkanone manövriert wird, entscheidet einzig und allein die Rationalität des Systems. Doch Finanzmärkte sind keine rationalen Systeme. Sie bestehen aus Menschen. Ökonomisches Verhalten erfolgt emotional und kollektiv, nicht individuell und rational.

Die Ökonomie ist keine Maschine, die auf einem Teppich von Millionen unabhängiger, zu einem simplen Muster arrangierter Teilchen voranrollt — rationale Systeme auf der ewigen Suche nach dem Equilibrium. Sie ist ein Beziehungsgeflecht, dessen Muster von innen heraus entsteht, und das sich allein im Verhältnis zum großen Ganzen erfassen lässt.

In der Finanztheorie scheint der ökonomische Mann in einer Welt zu leben, in der die Zeit sich aus einer Kette isolierter Aktionen zusammensetzt. Der eine Augenblick erlischt, sobald der nächste beginnt: Vergangenheit, Gegenwart und Zukunft sind vollkommen separat. Doch in der Realität interagieren die Akteure: Sie sind gefangen in einer Logik, die sie selbst erschufen, und die sich allmählich in die Bewegungen des Marktes verwandelt. Das Ganze wird aus seinen Teilen geboren, lässt sich aber nicht auf selbige reduzieren. Die Zeit ist eine vertrackte Angelegenheit: Die Erinnerungen an gestern und die Erwartungen an morgen bilden das Jetzt. Unsere Erwartungen bestimmen, woran wir uns erinnern, und unsere Erinnerungen formen unsere Erwartungen.

Gleichwohl wurden die Theorien um das natürliche Equilibrium des Marktes erst in den 1990er Jahren kritisch hinterfragt. Sie waren schlichtweg zu elegant, ihre simple Mechanik zu sexy, und es machte zu viel Spaß, sie in immer komplexere Zahlengewänder zu hüllen. Ganz gleich, ob auf der Wall Street oder in den Universitäten: Die Menschen wollten an die Theorien glauben. Also taten sie es.

Auch am 15. September 2008.

SIEBTES KAPITEL

In dem die Weltökonomie in die Binsen geht

Der zweite Teil von Johann Wolfgang von Goethes großem Drama *Faust* ist weit eigentümlicher als der erste. Doktor Faust hat seinen Pakt mit Mephisto aufgekündigt, und nun befinden sich die beiden am Hofe des Kaisers.

Dessen Reich steckt in finanziellen Nöten. Die Landeswährung ist Gold, doch davon gibt es nicht mehr genug, um alle Rechnungen zu bezahlen. Der Kaiser hat sein gesamtes Vermögen verprasst, und die Katastrophe scheint unabwendbar.

Doch der listige Mephisto unterbreitet dem Kaiser einen Vorschlag: Zwar mag im Moment kein Gold zur Hand sein, doch da wäre ja noch das Gold, das noch nicht entdeckt wurde. Tief unter der Erde. Schätze, die eines Tages gehoben werden, und die, auch wenn sich ihre Existenz im Moment lediglich erahnen lässt, wertvoll sind. Also, schlägt Mephisto vor, solle der Kaiser, da das Land doch sein Eigentum sei, Schriftstücke über den Wert des noch nicht gehobenen Goldes ausstellen.

Damit führt Mephisto das Papiergeld ein. Eben noch bis über beide Ohren verschuldet, ist der Kaiser mit einem Mal schuldenfrei. Wie durch Zauberhand ist er zu Reichtum gelangt, und die Staatskrise scheint abgewendet. Gleichzeitig hat sich das Fundament seines Reichs gewandelt – von echtem Gold hin zu abstrakten Versprechungen auf bedrucktem Papier.

Das Potenzial für Wohlstand ist schier enorm, genauso wie die Risiken.

Goethe war nicht nur einer der herausragenden Dichter der Literaturgeschichte, er war auch Finanzminister in Weimar.

*

Die Geschichte des Geldes ist eine Reise vom Materiellen zum Immateriellen. Als die Ökonomie in ihren Kinderschuhen steckte, sollte eine Währung vor allem nützlich und leicht zu berechnen sein: Schnecken, Vieh und Salz waren ideal. Wenn man ein Stück Land kaufte, zahlte man mit zehn Kühen. Die wiederum waren wertvoll, weil man sich von ihnen ernähren und so die eisigen Winter überstehen konnte. Noch weit bis in die moderne Zeit hinein verwendeten die Kirgisen Pferde als Zahlungsmittel, die kleinere Einheit waren Schafe, Wechselgeld wurde in Form von Lammfell ausbezahlt.

In seiner *Philosophie des Geldes* schreibt Georg Simmel, unser Verhältnis zum Geld ähnele dem zu Gott. Geld sei das absolute Tauschmittel, so wie auch Gott absolut sei.

Geld scheint alle anderen Waren aufwiegen zu können. Wenn Sie mir in einer geldlosen Welt meinen Teekocher abkaufen wollen, werden Sie ihn nur dann bekommen, wenn ich Ihren Spaten möchte. Warum sonst sollte ich meinen Teekocher eintauschen? Um mit mir ins Geschäft zu kommen, benötigen Sie eine Ware, die ich haben möchte. Ein Handel setzt etwas voraus, das die Ökonomen «beidseitiges Einvernehmen zwischen zwei Vertragspartnern» nennen.

Doch wenn Geld ins Spiel kommt, ist es nicht mehr zwingend notwendig, dass ich Ihren Spaten haben will, um mich bereit zu erklären, Ihnen meinen Teekocher zu überlassen. Sie können mir eine Geldsumme anbieten, und diese Summe wiegt den Wert der Ware auf, die ich an Sie verkauft habe. Zu einem späteren Zeitpunkt kann ich das Geld dann gegen etwas anderes eintauschen.

Eine Funktion von Geld besteht darin, einen bestimmten Wert zu speichern. Das erleichtert den Handel, und Tauschgeschäfte können häufiger stattfinden. Anstatt ein Geschäft an Ort und Stelle vollziehen zu müssen, kann es zu einem späteren Zeitpunkt realisiert werden.

Um 1200 v. Chr. wurde in China damit begonnen, das Gehäuse von Kaurischnecken aus dem Flachwasser des Indischen und Pazifischen Ozeans als Zahlungsmittel zu verwenden. Als im späten Steinzeitalter Bronze- und Kupferkopien des Kaurigeldes hergestellt wurden, waren die ersten Münzen geboren, die allmählich immer flacher wurden. In China wurde oftmals ein Loch in die Mitte der Münzen gestanzt, sodass sie sich an langen Ketten auffädeln ließen.

Außerhalb Chinas handelte es sich bei den ersten Münzen um Silberklumpen, die mit dem Konterfei einer Gottheit oder einem Kaisersiegel versehen waren. Diese Technik wurde in der heutigen Türkei entwickelt und rasch von den Griechen, Persern, Mazedoniern und später auch den Römern übernommen. Im Gegensatz zu China, wo einfache Metalle verwendet wurden, waren die Münzen anderswo aus Gold, Silber und Bronze gefertigt.

Die ersten Geldscheine waren ungefähr dreißig mal dreißig Zentimeter große, mit eingefärbten Rändern abgesetzte Stücke aus dem Leder weißer Hirsche. Um das Jahr 800 setzte in China die Verwendung von Papiergeld ein, die rund 500 Jahre andauerte, bis das System ob einer Inflation verworfen wurde. Die Versuchung, immer mehr Geld zu drucken, war schlichtweg zu groß, besonders dann, wenn es Kriege zu finanzieren galt. Schon bald hatte der auf den Scheinen abgedruckte Wert wenig mit der Realität zu tun, und China ging erneut dazu über, seine Ökonomie auf Silber zu basieren.

Noch bis vor wenigen Jahrzehnten gründeten sich die Währungen der meisten Länder auf Silber oder Gold. In England wurde die Goldwährung 1816 eingeführt. Banknoten waren schon seit einigen Jahrhunderten im Umlauf, doch nun wurde ihr Wert unmittelbar an das kostbare Metall geknüpft. 1900 wurde der sogenannte American Gold Standard Act verabschiedet, der den Grundstein für das Zentralbank-System der Vereinigten Staaten legte. Man konnte seine Banknoten zum Staat bringen und, auf Basis eines festgelegten Wechselkurses, in Gold eintauschen.

1944 wurde das Bretton-Woods-System gegründet. Delegierte aus vierundvierzig alliierten Staaten kamen im kleinen Städtchen Bretton Woods im US-Bundesstaat New Hampshire zusammen, um sich einem System fester Wechselkurse anzuschließen, wobei der US-Dollar als Leitwährung fungierte. Jede nationale Währung konnte zu einem festgesetzten Kurs in Dollar eingetauscht werden, und die wiederum gegen Gold. Gold rostet nicht. Gold währt ewiglich. Alles Gold, das je geborgen wurde, passt in einen Kubus mit einer Kantenlänge von lediglich viereinhalb Kilometern. Was selten ist, ist wertvoll.

1971 wurde das Bretton-Woods-Abkommen wieder aufgegeben. Heute sind Banknoten nichts anderes als Papierstreifen im Portemonnaie. Und warum sind sie so wertvoll?

Weil wir sie haben wollen.

Man möchte Geld, weil andere es auch tun. Das gemeinsame Interesse spricht dafür, dass sich mit dem Geld Waren und Dienstleistungen erwerben lassen. Solange wir davon ausgehen, dass Geld etwas Wertvolles ist, solange werden wir dafür schuften – und das System funktioniert.

Inzwischen besteht die Aufgabe der Zentralbanken darin, uns Vertrauen in den Dollar, die Krone, den Euro und das Pfund zu vermitteln. Es geht ihnen um ihre Glaubwürdigkeit, ihren Ruf und ihre Existenzberechtigung, nicht um einen Haufen Gold in irgendeinem muffigen Kellergewölbe. Es geht um Visionen, Erwartungen und um Psychologie. Sobald wir unseren Glauben an das Geld verlieren, bricht das System zusammen.

Geld ist eine soziale Konstruktion. Ob Religion oder Finanzmarkt – am Anfang war der Glaube.

*

Vor 1200 Jahren schilderte Aristoteles die Geschichte vom Philosophen Thales, der einst vorhergesehen hatte, dass die kommende Olivenernte außerordentlich üppig ausfallen würde. Thales trat an die Eigentümer der örtlichen Olivenpressen heran und erbot sich, sämtliche Pressen während der Erntesaison anzumieten. Da zu diesem Zeitpunkt niemand ahnen konnte, wie die Ernte ausfallen würde, und die Besitzer der Pressen sich mit Thales' Geld gegen mögliche Verluste würden absichern können, nahmen sie das Angebot an. Die Monate verstrichen, und Thales' Prognose sollte sich bewahrheiten: Die Olivenernte war so üppig wie noch nie, und mit einem Mal wollte jeder Bauer eine Olivenpresse anmieten. Thales, der sie zum gewöhnlichen Preis bekommen hatte, konnte sie nun zu einem höheren Preis weitervermieten.

Heute würde man einen solchen Deal *Option* nennen.

Finanzielle Innovation ist schon immer dort entstanden, wo mit dem Verhältnis von Zeit und Geld gespielt wurde. Und gerade weil mit Zeit gespielt wurde, beäugten die Menschen finanzielle Instrumente lange Zeit mit Skepsis. Zeit war eine Sache Gottes. Wucher wurde als Sünde betrachtet, weil derjenige, der Geld gegen Zinsen verlieh, Zeit verkaufte. Wenn ich Ihnen ein Darlehen bewillige, können Sie sich noch heute etwas kaufen, das Sie sich womöglich erst nächstes Jahr hätten leisten können. Folglich entsprechen die Zinsen dem Preis für die Zeitspanne zwischen der Bewilligung des Darlehens und der Erwerbsmöglichkeit im nächsten Jahr.

Doch einen Preis für die Zeit zu bestimmen – das war Blasphemie.

Aristoteles meinte, Zinsen für verliehenes Geld zu nehmen, sei unnatürlich, weil man auf diese Weise «aus dem Geld selbst den Erwerb zieht». Schmutziges Geld. Unrechtes Geld. Aus einer perversen Geldverbindung, die sich selbst fickt. Geld, das aus Geld geboren wird – eine sexuelle Perversion.

Erst mit Calvin und der Reformation sollte sich diese Sichtweise wandeln. Warum sollte man mit einem Unternehmen oder einem Geschäft nicht genauso viel verdienen dürfen wie mit einem Stück Land? Die Einkünfte des Kaufmanns resultierten aus seinem Fleiß, also hatte er Anspruch auf das Geld; warum sollte es nicht wachsen dürfen?, überlegte Calvin, der das Christentum an das in den Städten rasch heranwachsende Bürgertum anzupassen suchte.

Plötzlich waren Wucher, Zinsen und Profit, theologisch gesehen, unproblematisch. Hand in Hand mit dem Kapitalismus spazierte das reformierte Christentum der Neuzeit entgegen.

Finanzielle Instrumente sind dazu da, ökonomische Risiken zu managen, und diese Aufgabe den Personen zu übertragen, die ihr gewachsen sind. Es wäre durchaus möglich gewesen, dass besagte Olivenernte kümmerlich ausfällt, dass die Plantagen abbrennen oder vom Frost überrascht werden. Dieses Risiko nahm Thales stellvertretend für die Bauern in Kauf, und später profitierte er davon. Finanzmärkte sind paradox: Ohne Risiko kein Gewinn, doch bei einer Überdosis Risiko kollabieren sie.

1997 brauchte die Rocklegende David Bowie dringend Geld. Er war gerade fünfzig geworden und wollte sich endgültig von seinem Ex-Manager Tony Defries freikaufen. Der hatte noch immer Anspruch auf einen Teil von Bowies Einkünften, obwohl die beiden sich schon vor einigen Jahren zerstritten hatten.

Bowie nagte freilich nicht am Hungertuch. Das Geld floss stetig auf sein Konto, und es stand anzunehmen, dass es noch einige Jahrzehnte so weitergehen würde. Dank der Royalties seiner insgesamt 25 Alben und 287 Songs; von *Space Oddity* über *Rebel Rebel* und *Jean Genie* bis hin zu *Ziggy Stardust*.

Doch Bowie brauchte das Geld auf der Stelle.

Also bot er dem Markt eine Anleihe an, den sogenannten *Bowie Bond* – ein völlig neuartiges finanzielles Produkt. Geld war Zeit, Zeit war Geld. Und mit diesem Verhältnis ließ sich ganz offenbar spielen.

Bowie verkaufte die zukünftigen Einnahmen seiner Musik, die bereits komponiert, eingespielt und veröffentlicht worden war. Dieser Coup brachte Bowie auf einen Schlag 55 Millionen Dollar ein.

Zwar flossen die Royalty-Einnahmen nicht mehr stetig auf sein Konto – dafür hatte Bowie eine ordentliche Summe Geld auf die Hand bekommen.

Doch nicht nur Künstler begannen, mit diesem Konzept zu

liebäugeln – die amerikanischen Banken taten es auch. So wie Bowie im Laufe einiger Jahrzehnte tröpfchenweise seine Millionen verdient hätte, bekamen auch die Banken tröpfchenweise die an Immobilienkäufer verliehenen Milliarden zurück, wenn diese peu à peu ihre Darlehen tilgten.

Warum also keine Darlehen verkaufen – so wie Bowie seine Royalty-Einkünfte verkauft hatte?

Nehmen wir einmal an, eine Bank hatte an rund zehntausend amerikanische Familien jeweils hunderttausend Dollar verliehen. Das entsprach einer Milliarde Dollar, die sie im Laufe von fünfundzwanzig Jahren zurückbekommen würde. Doch nun setzte die Bank ein Schriftstück auf, das seinem Besitzer das Anrecht auf das zurückgezahlte Geld zusprach. Anschließend verkaufte sie dieses Schriftstück an einen Dritten (einen Pensionsfonds zum Beispiel), und schwups, wie durch Zauberhand hatte die Bank eine Milliarde Dollar verdient, die sie an hunderttausend weitere Familien verleihen konnte.

Es war pure Magie. Man verlieh eine Milliarde, verkaufte das Darlehen und bekam eine Milliarde zurück, obgleich man im Grunde genommen bloß einen Batzen Schulden verkauft hatte. Mehr Geld, weniger Risiko. Für viele Banken der totale Paradigmenwechsel. Doch es gab ein Problem: Irgendwo im System lauerte das Risiko noch immer.

Daran, dass David Bowies Musik auch weiterhin Geld einbringen würde, bestand kein Zweifel, als er 1997 seine Bowie Bonds herausgab und 55 Millionen verdiente, die Summe, auf die die zukünftigen Royalty-Einnahmen geschätzt worden waren. Wer hätte damals ein Megaphänomen namens Musik-Downloads und dessen Auswirkungen auf die Einkünfte von Musikern vorausahnen können? Heute sind wir schlauer. Aber das ist nicht David Bowies Problem.

Es ist das Problem derjenigen, die Bowie Bonds besitzen.

Früher war die Bank die Leidtragende gewesen, wenn ein Kunde die Rückzahlungen für sein Darlehen einstellte. Deshalb ließ man bei der Darlehensvergabe Vorsicht walten. Doch nun wurde alles auf den Kopf gestellt. Die Banken scherten sich immer weniger darum, an wen sie ihr Geld verliehen, da die Darlehen ohnehin weiterverkauft wurden. Je mehr Geld die Bank verlieh, desto mehr Darlehen konnte sie verkaufen – und desto mehr Geld verdiente sie.

Ratingagenturen, die mit der Bewertung solcher Finanzprodukte betraut worden waren, hätten deren Gefahren erkennen müssen. Allerdings wurden sie von den Banken bezahlt, die die zu bewertenden Wertpapiere überhaupt erst geschaffen hatten. Und auch Ratingagenturen waren Unternehmen auf einem Markt. Wenn der Bank das Gutachten nicht passte, konnte sie ganz einfach zur nächsten Agentur wechseln. Außerdem beriefen die Ratingagenturen sich auf dieselben ökonomischen Modelle wie die Banken. Modelle, die davon ausgingen, dass alle Menschen wie der ökonomische Mann agierten. Es war schlichtweg ein Ding der Unmöglichkeit, dass die Immobilienpreise unkontrolliert fielen. Der Markt hatte immer recht, also waren die Wertpapiere sicher.

Die amerikanische Federal Reserve hielt die Zinsen auf einem historisch niedrigen Niveau, anstatt der Situation entgegenzuwirken.

Der Lebensstandard der amerikanischen Mittelschicht hatte sich seit den 1970er Jahren kaum erhöht. Politikern jedweder Couleur war es ein dringendes Anliegen, dass die Menschen sich trotz der immer größeren Klüfte wie Gewinner fühlten. Was waren die USA, wenn nicht das Märchen von einer bessergestellten Mittelschicht? Der Traum vom Eigenheim war die Lösung. Jeder amerikanischen Familie sollte die Möglichkeit gegeben werden – nicht das Geld, die *Möglichkeit* –, sich ein Eigenheim zu leisten. Eine Idee, die sich auf die Annahme stützte, Zeit wäre (ver)käuflich.

Zwischen 1997 und 2006 stiegen die Immobilienpreise in den USA um 124 Prozent. Auf dem Höhepunkt der Immobilien-Blase kauften wöchentlich 160 000 Menschen ein Haus. Es handelte sich um die größte ökonomische Blase seit Menschengedenken.

Und nicht genug damit, dass die Banken ihr Geld an Darlehensnehmer verliehen hatten, die ihre Schulden nicht mehr tilgen konnten, sie hatten außerdem viel zu viel Geld verliehen, sodass sie schlussendlich jede Menge Darlehen selbst zurückkauften. Die Ratingagenturen hatten schließlich behauptet, die Wertpapiere seien ganz famos. Als dann die Blase platzte, hatten die Banken kein Geld mehr, bloß Schriftstücke, die, wie sich herausstellte, völlig wertlos und über die ganze Welt verstreut waren. Niemand mochte sie anrühren.

Am 15. September 2008 brach die Investmentbank Lehman Brothers zusammen. Das war der Startschuss: Die amerikanischen Banken stürzten die gesamte Weltwirtschaft ins Chaos.

Seit jeher haben Spekulation und finanzieller Wahnsinn zu ökonomischen Katastrophen geführt. Trotzdem behaupten wir jedes Mal: «Dieses Mal ist alles anders», wie Carmen M. Reinhart und Kenneth S. Rogoff in ihrem Buch *Dieses Mal ist alles anders. Acht Jahrhunderte Finanzkrisen* schreiben. Spekulation entsteht dort, wo unsere kollektive Fantasie sich auf etwas heftet, das wir für etwas Neues und Einzigartiges ansehen. Wir erschaffen Wert, indem wir Dinge produzieren, die sich von uns unterscheiden, um dann zu versuchen, diese Distanz zu überbrücken.

Sobald bekannt wird, dass sich auf einem Markt viel Geld machen lässt, wollen alle dort investieren. Das treibt die Preise in die Höhe, und je weiter sie steigen, desto mehr wird investiert. Und je mehr investiert wird, desto weiter steigen die Preise. Und gleichwohl die Menschen allmählich begreifen, was gerade vor sich geht, fahren sie unbeeindruckt damit fort, ihr Geld geradewegs in die Blase hinein zu werfen.

Bis es zu dem unvermeidlichen Punkt kommt, an dem sich der Wind dreht und irgendwer «Verkaufen!» schreit. Panik bricht aus, und alles stürmt gleichzeitig in Richtung Ausgang. Die Preise fallen ebenso rasant, wie sie gestiegen sind – wenn nicht gar schneller. Also stürzen immer mehr Akteure zum Ausgang, und die Preise sacken noch weiter ab. Der übersteigerte Optimismus verkehrt sich in übersteigerten Pessimismus.

Alles sucht nach dem Topf voller Gold am Ende des Regenbogens. Und dann löst er sich in Rauch auf.

Wenn man glaubt, dass man etwas aus dem Nichts erschaffen kann, fällt es schwer, damit aufzuhören.

Ökonomische Werte entstehen und zerstieben in kollektiven Halluzinationen. Immer schneller. Mit Lichtgeschwindigkeit rauscht das Kapital über jegliche Grenzen hinweg. Es befindet sich nicht länger in den Fabriken, an den Orten, wo Waren produziert oder Rohstoffe gewonnen werden. Bei ihrer Jagd nach Gewinn buhlen die Spekulanten nicht um Kunden, so als wären sie ein serviceorientiertes Unternehmen, genauso wenig wie sie versuchen, sich gegenseitig mit technischen Innovationen auszustechen – ihre Jagd besteht aus der Spekulation an sich. Mit großen Schwankungen kommen das schnelle Geld, hohe Risiken und große Verluste. Es ist eine Wette auf eine Wette auf eine Wette.

In Oliver Stones Film *Wall Street* von 1987 konstatiert der Protagonist Gordon Gekko, das Ganze habe sich zu einem Nullsummenspiel entwickelt. Geld werde nicht neu geschaffen oder verloren, es wechsele bloß von einem Besitzer zum anderen. «Die Illusion ist Wirklichkeit geworden, und je wirklicher sie wird, desto stärker wird sie auch begehrt», stellt er unverblümt fest.

Das hatte auch Mephisto begriffen, der auf die passende Gelegenheit wartete, um Fausts Seele an sich zu reißen und mit in die Hölle zu nehmen. Faust selbst wollte einfach nur glücklich sein. Laut dem Schweizer Wirtschaftswissenschaftler Hans Christoph Binswanger verkörpert Faust den modernen Mann: Mithilfe der Wissenschaft versucht er, die Natur zu unterjochen, um ein neues, ökonomisches Reich zu schaffen. Er will Freiheit und Reichtum, Wonnen und Wissen – all das, was einen beten lässt, die Zeit möge bis in alle Ewigkeit stillstehen. War das zu viel verlangt?

Inzwischen übernehmen im Finanzgeschehen zunehmend abstrakte Algorithmen die Aufgabe von Maklern. Computer kaufen und verkaufen auf der Basis mathematischer Formeln.

Brüllende, schweißgebadete Börsenmakler in weißen Hemden, die mit wild fuchtelnden Armen auf große Bildschirme mit Zahlen deuten, wie wir sie aus dem Film *Wall Street* kennen, gibt es nicht mehr; auch wenn ihr Kleidungsstil unglücklicherweise wiederkehren könnte. Sie sind ersetzt worden durch spezialisierte Unternehmen, die mit hyperschnellen Computersystemen einen automatisierten, auf avancierter Mathematik basierenden Massenhandel betreiben. Die großen Banken sitzen nicht einmal mehr an der Wall Street. Sie haben sich andere Standorte gesucht, die sich besser für ihre gigantischen Server eignen. Die größten Computer für die größten Ressourcen. Der Schnellste gewinnt. Man versucht, Geld daraus zu schlagen, wie sich auf unterschiedlichen Märkten die Preise in Sekundenschnelle verändern. Es versteht sich von selbst, dass in diesem gesichtslosen Universum hin und wieder etwas schief geht – so können in einer Bestellung aus 10,8 Milliarden Dollar durchaus mal 10,8 Millionen werden, ob eines klitzekleinen technischen Fehlers. Theoretisch könnten die sogenannten Algorithmen durchdrehen und Amok laufen – das ganze Universum kaufen, schneller als wir blinzeln können. Deshalb sind die Sicherheitssysteme gut geölt und die Manöver eingeübt. Ein kleiner technischer Defekt in der Finanz-Fantasiewelt könnte den nächsten großen Crash verursachen. In Minutenschnelle.

Im Kielwasser einer weltweit hyperventilierenden Börse könnten Millionen Menschen ihre Arbeit verlieren. Millionen Arbeitslose wiederum würden große Löcher in die Staatshaushalte reißen, und die Regierungen sähen sich gezwungen, mit verdrossener Miene Kürzungen in der Altenpflege vorzunehmen. Doch deshalb wird es nicht weniger ältere Menschen geben, die Nahrung brauchen, Krankenversorgung und eine Hand, die die ihre hält. Weniger Pflegepersonal müsste dasselbe Arbeitspensum stemmen, solange, bis Rücken und Gelenke nicht mehr mitspielen. Damit wären die Folgen eines technischen Defekts beim Pokern um sekundenschnelle Preisentwicklungen im Finanzcasino bis ins linke Knie einer Krankenpflegerin gewandert. Ein Knie, um das sich weder Adam

Smith noch die Stammesfürsten der Finanzwelt je den Kopf zerbrochen haben.

Im Herbst 2008 wurde Alan Greenspan, Vorsitzender des Federal Reserve System, im Kongress zur großen Krise befragt. Der Demokrat Henry Waxman wollte wissen: «Sie mussten also feststellen, dass Ihr Weltbild, Ihre Ideologie nicht der Wahrheit entsprach, dass sie nicht funktionierte?»

«Deshalb war ich ja so schockiert, hatte ich doch vierzig Jahre lang, wenn nicht noch länger, allen Grund zur Annahme gehabt, dass sie ganz vortrefflich funktionierte.»

Die Ökonomie war eine Logik geworden. Ein Spiel in seinem eigenen Universum. Alle Menschen waren der ökonomische Mann: individuelle Gesichter des einen unfehlbaren ökonomischen Bewusstseins, und alles Geschehene ließ sich rational erklären.

Wohlstand wurde irgendwo in einem entfernten finanziellen Universum geschaffen und hatte nichts damit zu tun, was irgendwer mit seinem Darlehen anstellte, oder wie es tatsächlich um ein Unternehmen stand. Der Wert konnte dennoch steigen. Das wahre Geschehen spielte sich auf einer anderen Ebene ab – wie Gold entstand und verschwand, war ein mysteriöser Prozess, als hätten Ökonomie und Markt nichts mehr mit uns zu tun.

Was wir produzierten, wie wir arbeiteten, was wir erfanden und brauchten – lag außerhalb unserer Welt.

Seit jeher haben technologische Entwicklungen die Märkte verändert. Je abstrakter das Geld wird – von Hirschleder und Metall hin zu gebündelten und verkauften Hypotheken –, desto überzeugter sind wir, es sei nur eine Armlänge entfernt. Das Potenzial für Wohlstand ist enorm, genauso wie die Risiken. Vor allem dann, wenn wir aus den Augen verlieren, worum es anfangs ging.

Wir mögen in der Lage sein, Computersysteme zu entwickeln, die die gesamte Welt binnen dreihundert Mikrosekunden zwölfmal kaufen und verkaufen können. Doch selbst die betörende Eleganz der Mathematik vermag nichts daran zu ändern, dass die Ökonomie im Grunde auf den menschlichen Körper angewiesen ist. Es sind unsere Körper, die arbeiten und medizinische Versorgung benötigen. Es sind unsere Körper, die andere Körper schaffen. Körper, die geboren werden, die altern und sterben. Körper mit einem Geschlecht. Körper, die in ihren Leben häufig auf Hilfe angewiesen sind.

Und auf eine Gesellschaft, die all das koordiniert.

ACHTES KAPITEL

In dem wir sehen werden, dass noch nicht einmal Männer wie der ökonomische Mann sind

Seit Beginn der 1950er Jahre hinterfragen Psychologen und Wirtschaftswissenschaftler systematisch das Menschenbild der Ökonomie. Stellen Experimente zu Denk- und Entscheidungsprozessen an und studieren das menschliche Gehirn mithilfe von MRT-Schnittbildern. Immer und immer wieder geht es um die eine Frage: Wer ist er, der ökonomische Mann?

Der erste Frontalangriff auf das Konzept des ökonomischen Mannes wurde 1979 publiziert. Die israelischen Wissenschaftler Daniel Kahneman und Amos Tversky zeigten auf, dass unsere Entscheidungen, entgegen den Behauptungen der Ökonomen, ganz und gar nicht objektiv und rational gefällt werden. 2002 wurde Kahneman mit dem Wirtschaftsnobelpreis ausgezeichnet, und man wäre beinahe versucht zu glauben, dass dem ökonomischen Mann damit der Todesstoß versetzt worden war.

Kahneman und Tversky konstatieren, dass uns Risikovermeidung wichtiger sei als das Erzielen maximaler Gewinne. Zu welchen Schlüssen wir gelangen, hänge davon ab, wie ein Problem beschrieben wird. Im Gegensatz dazu, was in der Welt des ökonomischen Mannes propagiert wird, spielt der Kontext also sehr wohl eine Rolle. Unsere Präferenzen sind nicht konstant, sondern davon abhängig, wie sie gemessen werden. Besitzen wir einen Gegenstand, gewinnt er in unserer Vorstellung automatisch an Wert, und wir bedauern den Verlust von hundert Euro mehr, als dass wir uns am Gewinn derselben Summe erfreuen. Und überhaupt behagt es uns in der Regel am meisten, wenn die Dinge einfach nur bleiben, wie sie sind – obgleich wir davon nicht profitieren.

Vor allem aber stellen wir das Wohl der anderen häufig über das eigene. Selbst dann, wenn wir den Kürzeren ziehen.

Echte Menschen geben auch dann im Restaurant ein Trinkgeld, wenn sie nicht beabsichtigen, das Etablissement jemals wieder zu besuchen. Der ökonomische Mann tut das nicht. Die Kellnerin wird keine Gelegenheit haben, sich mit einer Fliege in seiner Suppe zu rächen, also behält er das Geld lieber für sich und verlässt das Lokal, ohne mit der Wimper zu zucken.

Echte Menschen zeigen sich in der Regel kooperativ. Der ökonomische Mann hingegen kooperiert nur dann, wenn er daraus einen Nutzen zieht. Und ob er in einer Situation einen unfairen Vorteil genießt, ist ihm herzlich egal – Hauptsache, er gewinnt.

Für uns anderen spielt so etwas sehr wohl eine Rolle.

Es macht einen Unterschied, ob wir jemandem, mit dem wir feilschen, gegenüberstehen oder nicht, denn wenn wir einem anderen Menschen in die Augen blicken, zeigen wir mehr Empathie. Für den ökonomischen Mann ist all das gehopst wie gesprungen, schlichtweg irrelevant. Für ihn ist alles nur eins: ein Tauschhandel zwischen einem oder mehreren kalkulierenden Individuen. Ein Kontext existiert nicht. Der ökonomische Mann macht keine halben Sachen und, ja, alles ist ein Wettbewerb.

In Wahrheit sind wir keine rationalen, egoistischen Individuen. Egal ob Mann oder Frau, Kind oder Erwachsener, jung oder alt. Wir können empathisch, verwirrt, selbstlos, ängstlich und unlogisch sein, doch niemals sind wir Inseln.

Unsere Geschichten über die Ökonomie stehen nicht für sich allein, vielmehr formen sie die Ökonomie – in Auf- wie in Abschwungphasen. Wenn wir hören, dass andere reich werden und Unternehmen Rekordgewinne einfahren, ist es nebensächlich, ob diese Informationen wahr sind. Sie machen uns glauben, dass alles gut wird. Und damit sind sie wahr. Irgendwie. Zumindest geben wir unser Geld aus, als wären sie wahr.

Auf der anderen Seite horten wir unsere Ersparnisse, wenn wir Gruselmärchen über rasant fallende Marktwerte und kopflose, «Verkaufen!»-schreiende Börsenmakler hören. Damit tragen wir zu einer Konjunkturflaute bei. Unsere Gefühle erschaffen unsere Geschichten – und unsere Geschichten prägen die Bewegungen auf dem Markt.

Wenn jeder, den Sie kennen, bereit wäre, 300 000 Euro für eine neue Wohnung hinzublättern, werden Ihnen die Schlagzeilen über die aktuelle Immobilien-Blase kaum Angst einflößen, im Gegenteil. Sie werden Ihren Makler bitten, noch einmal 10 000 Euro auf ihr aktuelles Angebot draufzupacken. Hochkonjunkturen sind als Effekt eines kollektiven Optimismus in der Gesellschaft beschrieben worden. Unsere kollektiven Gefühle lassen sich nicht abschalten. Hätten wir eine ökonomische Theorie gehabt, die diese Gefühle nicht ignoriert, hätten sich einige Probleme vermeiden lassen.

Und womöglich hätten wir so einiges über uns selbst erfahren.

In so mancherlei Hinsicht erfolgt ökonomisches Verhalten nicht rational – sondern emotional. Nicht individuell – sondern kollektiv. Niemand, der 2008 mit ansah, wie die Weltwirtschaft kollabierte, hätte behauptet, es handele sich um einen jener informationsbasierten, ökonomischen Entschlüsse, die ja ach so typisch für uns Menschen sein sollen.

Bereits in den 1930er Jahren schrieb John Maynard Keynes darüber, wie Gefühle, Impulse und mehr oder minder enthusiastische Missverständnisse die Ökonomie ebenso antreiben wie ausbremsen. Im Zuge der Finanzkrise von 2008 wurden diese Gedanken erneut aufgegriffen. Die Ökonomen George Akerlof und Robert Shiller schlossen, dass wir diesen Teil der Keynesschen Erklärung für die Weltwirtschaftskrise der 1930er Jahre vergessen hätten, und, obwohl wir andere Aspekte seiner Theorie durchaus begrüßen würden, noch immer am Konzept des permanent rational agierenden Menschen festhielten – blind für die kollektive und emotionale Natur des Marktes.

Doch gesetzt den Fall, der ökonomische Mann ist nicht wie wir. Wie ist er dann?

Unser Verhalten ist geprägt von den Erwartungen, die wir an unsere Mitmenschen herantragen. Wir erwarten Gerechtigkeit und Kooperationsbereitschaft. Wenn wir uns ungerecht behandelt fühlen, sträuben wir uns – selbst dann, wenn uns das in eine missliche Lage bringt.

Eine Gruppe von Psychologen führte ein Experiment mit Kindergartenkindern sowie Schülern der zweiten und sechsten Klasse durch, um herauszufinden, ob diese wie der ökonomische Mann agierten. Es zeigte sich, dass die Schüler, die älter als sieben Jahre alt waren, auf Ungerechtigkeit reagierten – wie Erwachsene. Die jüngeren Kinder hingegen agierten wie der ökonomische Mann.

Als die Fünfjährigen dazu aufgefordert wurden, eine bestimme Geldsumme aufzuteilen, spielte es für sie keine Rolle, wie gerecht die Aufteilung ausfiel – jeder wollte so viel wie möglich. Und wenn sie nur eine geringe Summe abbekamen, war das besser als nichts. Vergnügt schnappten sie sich alles, was sie in die Finger kriegten. Wie der ökonomische Mann. Allerdings wird die Weltwirtschaft nicht von Fünfjährigen regiert.

Oder doch?

Die Psychologen kamen zu dem Schluss, dass wir im Alter von sieben Jahren damit anfangen, Faktoren wie Gerechtigkeit in unsere Erwägungen einzubeziehen. Ist der ökonomische Mann also bloß ein vorübergehendes Stadium? Scheint so. Zumindest wenn es nach einfachsten Experimenten in einem Forschungslabor geht. Denn aller Wahrscheinlichkeit nach ist sogar das Verhalten von Fünfjährigen in der Realität etwas komplexer.

Keine Gesellschaft gründet sich einzig und allein auf Gier, Angst, Eigeninteresse und Rationalität. Das würde nicht funktionieren. Der Ökonom und Philosoph Amartya Sen illustriert dies an folgendem Dialog.

«Wo bitte geht's zum Bahnhof?», fragt der Fremde.

«Da müssen Sie in diese Richtung», erwidert der Dorfbewohner und deutet dabei auf das Postamt in der entgegengesetzten Richtung. «Wären Sie so freundlich, einen Brief für mich einzuwerfen?»

«Aber natürlich», erbietet sich der Fremde, fest entschlossen, den Brief bei der erstbesten Gelegenheit zu öffnen – es könnte ja etwas Wertvolles drin sein.

Aber so funktioniert die Welt nicht.

Bei den Gleichungen darüber, warum der ökonomische Mann tut, was er tut, handelt es sich um ziemlich knifflige Mathematik. Zugleich zeigt die psychologische Forschung, dass echte Menschen sich nicht sehr häufig für die rationalste aller Optionen entscheiden. Meist vermögen wir nicht einmal zu bestimmen, welche diese «rationalste Option» überhaupt sein sollte. Und dabei stützen diese Hypothesen sich auf simpelste Spielgeld-Experimente. Nicht einmal im Forschungslabor scheint es uns zu gelingen, Rationalität an den Tag zu legen. Und in der richtigen Welt gestalten die Dinge sich weit komplizierter. Wie soll man da den Überblick behalten, alle Möglichkeiten gegeneinander abwägen, jede Eventualität kalkulieren und den Nutzen maximieren?

Sind wir überhaupt dazu fähig, wie der ökonomische Mann zu agieren?

Gegen diese Frage formulierte der neoliberale Ökonom Milton Friedman einen berühmt gewordenen Einwand, der sich einer Metapher aus der Welt des Billardspiels bedient. Stellen Sie sich einen sehr begabten Billardspieler vor. Es ist nicht gesagt, dass er die Gesetze der Physik kennt, trotzdem spielt er, als würde er sie kennen. Mehr müssen wir nicht wissen.

Jetzt nämlich können wir Modelle entwickeln, um Prognosen über sein Spiel anzustellen. Wir nehmen einfach an, die physikalischen Gesetze wären ihm bekannt. Das ist zwar unwahrscheinlich, dennoch wird unser Modell funktionieren, weil er nämlich agiert, als wären sie ihm bekannt.

Mit anderen Worten: Vielleicht sind wir nicht wie der ökonomische Mann, aber wir verhalten uns so. Daraus schließt Friedman, dass sich anhand eines Modells, das auf dem ökonomischen Mann basiert, menschliches Handeln und somit auch das ökonomische Geschehen vorhersagen lässt.

Er argumentiert weiter, dass Ökonomen nicht danach beurteilt werden sollten, ob ihr Menschenbild korrekt ist oder nicht. Vielmehr gehe es darum, inwieweit ihre Theorien mit dem faktischen Marktverhalten der Menschen übereinstimmen.

Aber Hand aufs Herz: Bislang ist es der Ökonomie nur leidlich gelungen, das Marktgeschehen korrekt vorherzusagen. Im Herbst 2008, kurz nachdem die Finanzkrise ihren Höhepunkt erreicht hatte, stattete Queen Elizabeth II. der London School of Economics einen Besuch ab, wo ihr die versammelte Expertenschar schilderte, was sich in der Welt augenblicklich abspielte. Die Königin sah verwundert aus und fragte: «Warum hat niemand die Katastrophe kommen sehen?» Tja, gute Frage.

John Kenneth Galbraith sagte einmal, Gott habe die Ökonomen erfunden, um die Astrologie seriöser erscheinen zu lassen. Man bedenke dabei, dass er selbst zu den weltweit bekanntesten Ökonomen zählte.

Der amerikanische Ökonom und Nobelpreisträger Robert Lucas sah sich veranlasst, der Königin eine Antwort zu geben. Im *Economist* erklärte er, dass Ökonomen die Krise nicht prognostiziert hätten, weil sie prognostiziert hatten, dass sich solche Geschehnisse nicht prognostizieren ließen.

Ob die Queen daraus schlauer wurde?

Mehr denn je wird die Weltwirtschaft vom Markt regiert, und in den vergangenen Jahrzehnten haben wir den Ökonomen so viel Gehör geschenkt wie nie zuvor, trotz aller Krisen. Der amerikanische Börsencrash von 1987, Japans ökonomischer Zusammenbruch, die mexikanische Finanzkrise von 1994, die vom Scheitern des Hedgefonds *Long-Term Capital Management* eingeläutete Krise im Jahr 1998 (nur ein Jahr nachdem Myron S. Scholes und Robert Carhart Merton für ihre Theorien, warum LTCM niemals scheitern könne, mit dem Wirtschaftsnobelpreis ausgezeichnet worden waren), die russische Finanzkrise desselben Jahres, die Asienkrise, der IT-Crash zur Jahrtausendwende und schließlich die Weltwirtschaftskrise von 2008 – die größte Krise seit der Großen Depression. Für alle, mit Ausnahme einer Handvoll Ökonomen, war sie ein gewaltiger Schock.

Nach dem Zerfall der Sowjetunion setzte der Internationale Währungsfonds gemeinsam mit dem Finanzministerium der Vereinigten Staaten eine rekordschnelle Privatisierung in Russland in Gang. Einige Ökonomen waren damit befasst, die Zentralplanwirtschaft des Landes in eine Marktwirtschaft zu verwandeln, und zwar binnen weniger Tage – nicht Jahre. Sie glaubten, man müsste bloß den Kommunismus wegkratzen, damit ein von rationalen, ökonomischen Individuen bevölkertes Land zum Vorschein käme, die im Nu beginnen würden, eine lebhafte kapitalistische Gesellschaft aufzubauen, als hätten sie nie etwas anderes getan. Die russischen Institutionen, die russische Geschichte, die Einkommensverteilung und soziale Gepflogenheiten – das schien alles nicht so wichtig. Es wäre müßig gewesen, sich an den Details aufzuhalten, waren die ökonomischen Prinzipien doch universal. Die Maßnahmen würden ohnehin funktionieren, unabhängig von Kontext, Geschichte, Zusammenhang und all jenen Kleinigkeiten, die für gewöhnlich das ausmachen, was wir als Realität bezeichnen. Der Modelle zufolge gab es nur eine Welt. Die menschliche Natur. Den ökonomischen Mann.

Das Ergebnis ist uns wohlbekannt: Eine kleine Gruppe Oligarchen übernahm die Kontrolle über Russlands Aktiva. Während der Staat kaum mehr in der Lage war, Renten auszuzahlen, wurden die Ressourcen des Landes aus Leibeskräften verkauft. Das Geld wurde auf Bankkonten in der Schweiz oder auf Zypern geschafft, und das Ganze erinnerte eher an organisiertes Verbrechen als an einen organisierten Markt. Was übrig blieb, war ein Land mit niedrigeren Lebensstandards als vor den Reformen und Millionen Menschen, die sich fragten, ob all das tatsächlich die Pointe der Demokratie war. Wenn ja, dann nein danke!, sagten sie sich und wählten Wladimir Putin, der ihnen Stabilität und die Rehabilitation des Nationalstolzes versprach, zum Präsidenten.

In den 1990er Jahren sank das Pro-Kopf-Einkommen in Russland mit jedem Jahr weiter nach unten. Die Ukraine machte eine ähnliche Entwicklung durch. Für Polen dagegen, das den Rat des Internationalen Währungsfonds in den Wind geschlagen hatte, sah es deutlich besser aus.

Eine kapitalistische Ökonomie in eine kommunistische zu verwandeln, sei wie «Fischsuppe aus einem Aquarium zu machen», sagte der Gewerkschaftsvorsitzende und spätere Staatspräsident Lech Wałęsa. Die Schwierigkeit liege darin, diesen Trick umzukehren.

Der Markt ist vieles, aber sicher kein harmonisch vor sich hin tickendes Uhrwerk oder der einzig wegsame Pfad, auf dem rationale Individuen die Realität beschreiten. Er ist viel komplizierter als das und außerdem einem unglaublichen Veränderungsdruck unterworfen. Ohne mit der Wimper zu zucken, fegt er überalterte Unternehmen, Technologien und überhaupt alles, was er nicht mehr gebrauchen kann, weg; bisweilen auch Menschen. Der Markt kennt kein Erbarmen. Auf diese Weise kann er Entwicklung vorantreiben – oder sie, mit derselben Wucht, ersticken. Auf manchen Gebieten ist der Markt schrecklich effektiv, auf anderen schrecklich ineffektiv. Er ist alles andere als mechanisch, simpel oder unvermeidbar.

Dann und wann bemerken Ökonomen, die an das Märchen vom ökonomischen Mann glauben, ihr Menschenbild sei womöglich unvollkommen, aber immerhin korrekt genug, um es anzuwenden. Und gewiss hat die Ökonomie uns einiges über die Welt gelehrt, das uns half, sie zu optimieren. Wenn die Ökonomen nun behaupten, der ökonomische Mann sei ein nützliches Konzept, warum sollten wir nicht an ihn glauben und unser Markt- und Menschenbild abstrakter gestalten?

Die Abstraktion ist ein Werkzeug, auf das wir immer wieder gern zurückgreifen. Die Welt ist rund, sagen wir zum Beispiel. Aber das stimmt nicht. Die Welt ist eine Ellipse, die übersät ist von Bergen, Tälern und schmelzendem Polareis.

Doch auch wenn wir weiterhin an der Vorstellung festhalten, sie sei rund, würden wir unsere Schiffe (oder Marschflugkörper) niemals auf der Basis von Karten navigieren, die die

Erde als perfekt geformte Kugel darstellen. Wir versuchen, die Unebenheiten zu messen und in der Kartografie in irgendeiner Form zu berücksichtigen. Den ökonomischen Mann hingegen belassen wir, wie er ist. Wir steuern die Weltwirtschaft auf der Basis von Modellen, die sich auf den ökonomischen Mann gründen, und verschreiben sie ärmeren Ländern wie ein Rezept. Bitte sehr, macht was draus! Und das, obwohl wir seit mindestens dreißig Jahren wissen, dass der ökonomische Mann im besten Fall eine Abstraktion ist – und im schlimmsten Fall eine blanke Halluzination.

Bis heute definiert er die Logik der Ökonomie und prägt das Menschenbild, das an den Universitäten im Proseminar Ökonomie I vermittelt wird – von den populärwissenschaftlichen Büchern, die Markstrategien auf immer mehr Bereiche unseres Lebens zu applizieren suchen, ganz zu schweigen. Der ökonomische Mann dominiert weiterhin, auch wenn die Forschung längst zeigen konnte, dass er mit der Realität nur herzlich wenig zu tun hat. Dennoch lassen wir uns auch weiterhin verführen und hören – bewusst oder unbewusst – auf ihn, wenn er behauptet, wir seien wir er. Ganz gleich, was wir tun.

Stellen wir uns vor, ein Mann würde einen Kirchturm erklimmen und dort oben anfangen, wie ein Hahn zu krakeelen. Vermutlich würden Sie ihn für verrückt halten. Aber können Sie sich dessen sicher sein? Manche Menschen springen Fallschirm, andere besteigen den Himalaya – auch das sind waghalsige Unterfangen. Allerdings würden Sie niemals versuchen, Ihre Freundin mit einem Salatblatt zu ermorden – das wäre verrückt. Sie nehmen natürlich ein Messer und behaupten dann erst, Sie seien verrückt. Doch der ökonomische Mann hat Sie durchschaut. Er weiß, dass Sie ausschließlich rational handeln, auch wenn Sie das Gegenteil behaupten.

Hält man einem Alkoholiker eine Pistole an den Kopf und fordert ihn auf, nie wieder einen Tropfen Alkohol anzurühren, wird er tun, wie ihm geheißen. Folglich wäre ihm die ganze Zeit möglich gewesen, mit dem Trinken aufzuhören. Er wollte aber nicht, denn es gab keinen Grund – bis jetzt.

Es war einmal ein Mann, der hielt in seiner Wohnung elf Schwäne. Er hatte sie eines Nachts im Park gefangen, einen nach dem anderen in eine Decke gewickelt und nach Hause getragen. Einer der Schwäne hatte einen gebrochenen Flügel, und der Mann versuchte, ihn mit einem Gummiband und einer Rolle Klebeband zu richten. Als die Polizei die Schwäne abholte, war der Mann sehr traurig. Hatte er ernsthafte Probleme oder einfach nur, um es in den Worten des ökonomischen Mannes auszudrücken, eine Präferenz für Schwäne?

Wer sind wir, dass wir jemand für verrückt erklären? Wer sind wir, dass wir zu wissen glauben, was für andere Menschen das Beste ist?

Manche Leute waschen sich zweihundertmal am Tag die Hände, und andere biegen partout nicht links ab. Manche können zehn Stunden am Tag damit zubringen, Sportsendungen anzuschauen, und wieder andere schrubben fünfzehn Stunden am Stück den Boden ihres Badezimmers. Wenn man befürchtet, Arsenal könnte ein Spiel verlieren, geht einem dieser Gedanke nicht mehr aus dem Kopf. Hat man panische Angst vor Bazillen, denkt man kaum noch an etwas anderes. Es gibt nur eine Logik. Eine Rationalität. Geht es einem richtig mies, nimmt man sich das Leben. Der Sinn des Ganzen ist nicht leicht zu finden. Er ist in einem Gefäß verschlossen, das man nicht öffnen darf. Viele Patienten in einer psychiatrischen Anstalt sind überzeugt, dass alle um sie herum verrückt sind, nur nicht sie selbst. Die eigenen Zwangsstörungen und Neurosen sind normale Reaktionen auf abnorme Umstände. Wenn auf der Station das Licht gelöscht wird, stoßen Sie einen Angstschrei aus, und der hohle Laut aus Ihrem Mund ist zugleich ein Appell. Die Welt dreht sich weiter, in den Spuren, die sie selbst abgesteckt hat. Welch ein Höllenkarussell! Es gilt, mehr abzuschöpfen, als man investiert hat – alles andere ist die Definition von Sinnlosigkeit. Wir sind allein, selbst dann, wenn wir uns inmitten einer Armee befinden, in der alle in dieselbe Richtung marschieren. Es gibt nur eine Logik, eine Welt, und jeder stirbt allein.

Das ist die Welt, an die wir uns klammern.

NEUNTES KAPITEL

In dem wir sehen werden, dass ökonomische Anreize komplizierter sind, als wir dachten

Es waren einmal ein Mann und eine Frau, die besaßen eine sehr besondere Gans. Jeden Morgen, wenn sie erwachten, hatte die Gans ein Ei aus purem Gold gelegt. Zuerst begriff das Paar nicht, woraus die eigentümlichen Eier bestanden, die schwer wie Blei und ungewöhnlich groß waren, doch allmählich ging es ihnen auf. Also begannen sie, die Eier, eines nach dem anderen, zu verkaufen, und mit der Zeit wurden sie sehr reich.

«Stell dir vor», sagte der Mann eines Tages zu seiner Frau, «es gäbe eine Möglichkeit, an all das Gold in der Gans zu kommen!»

«Du hast recht», antwortete die Frau. «Dann müssten wir nicht jedes Mal darauf warten, bis sie die Eier gelegt hat.»

Und dann begaben sie sich hinaus auf den Hof und schlachteten den Vogel. Doch als sie die tote Gans mit erwartungsfrohen Mienen aufschlitzten, erschraken sie doch sehr, denn da waren keine goldenen Eier, nur Blut, Sehnen, Federn und Innereien. Von innen sah die Gans aus, wie jedes andere Federvieh auch. Und von diesem Tag an gab es keine goldenen Eier mehr.

Denn die Gans, die sie gelegt hatte, war tot.

*

Keine Sprache auf der Welt wird so ernst genommen wie die ökonomische.

«Optimierte Wachstumsperspektiven stärken die öffentlichen Finanzen.» «Normalisierung der Konjunktur.» «Lassen wir den Markt entscheiden.» «Das Spielfeld wird geebnet.» «Gesenkte Schwellenwerte.» «Schwierige Entscheidungen treffen.» «Die In-

strumente scheitern daran, die Nachfrage zu stimulieren.» «Optimierte Produktivitätsentwicklung.» «Die Leidtragenden der Wechselkursunsicherheit.» «Wettbewerbsaffiner Markt.» «Rekordstarke Marginaleffekte.»

Eine Sprache der puren Notwendigkeiten. Wir alle wissen, was zu tun ist, aber nicht, ob wir nach getaner Arbeit wiedergewählt werden.

Die Ekstase der Vernunft.

Die ersten Märkte entstanden im Umkreis von Siedlungen und Dörfern. Damals wurde es als wichtig erachtet, den Kommerz von der menschlichen Gemeinschaft zu distanzieren. Die Marktlogik des Kaufens und Verkaufens sollte mit den anderen Bereichen der Gesellschaft nicht in Berührung kommen. Mithilfe von magischen Ritualen sollten die Grenzen zwischen den Handelsplätzen und der Sphäre der Menschen besiegelt und geheiligt werden. Daher wurde der Marktplatz mit Steinen markiert, in der Hoffnung darauf, dass die Logik des Marktes diese Grenzen nicht durchbrechen würde.

Seitdem sind einige tausend Jahre verstrichen, und die Marktlogik hat sämtliche Grenzen überschwemmt. Von oben. Von außen. Von innen. Spricht man heutzutage von «Ökonomie», ist der Begriff gleichbedeutend mit «Rationalität». Ausgehend von den Prinzipien des Kaufens, Verkaufens und des Wettbewerbs wird ein Sinnbild für die gesamte Gesellschaft gezeichnet. Aus diesem Blickwinkel, so glaubt man, lasse sich die Politik, das Rechtswesen, die Liebe, ja im Grunde alle Bereiche des Lebens analysieren. Ganz gleich, was wir tun, es gibt immer jemand, der uns weismachen möchte, dass unser Handeln mit den ökonomischen Ideen von Eigeninteresse, Wettbewerb und der größtmöglichen Befriedigung bei geringstmöglichem Einsatz übereinstimme. «Heutzutage kennen die Leute von allem den Preis und von nichts den Wert», schrieb Oscar Wilde in *Das Bildnis des Dorian Gray*, allerdings hatte ihm niemand erklärt, dass der Wert an der Nachfrage gemessen wird.

Der Markt hat die Stadtzentren der größten Metropolen

nicht nur in Beschlag genommen – die Gebäude, die ihm zu Ehren errichtet wurden, definieren das gesamte Stadtbild: New York, Shanghai, Tokio, London, Kuala Lumpur. Die Skylines sämtlicher Metropolen werden von den Wolkenkratzern der Banken und Finanzwelt dominiert. Nie zuvor konnten wir so hohe und mächtige Gebäude bauen wie heute. Allerdings müssen wir Sicherheitsnetze aufspannen – sonst stürzen sich die Menschen aus den Fenstern, hundert Stockwerke hinab, geradewegs in den Tod.

Während der ökonomische Mann inzwischen erwachsen geworden ist und die Welt erobert hat, scheint der Markt noch immer unserer Zauberformeln zu bedürfen. Womöglich mehr denn je. Wir sind in ständiger Sorge um sein Wohlbefinden. Der Markt kann zuversichtlich, ängstlich, hitzköpfig, glücklich und auch zornig sein. Er ist eine eigentümliche Kreatur voller Gefühle. Sein Wesen ist so komplex, dass einige der renommiertesten Zeitungen der Welt rund um die Uhr damit beschäftigt sind, jede noch so kleine Gefühlsregung zu dokumentieren.

Manchmal denkt und reflektiert der Markt:

«Der Markt ignorierte die prognostizierten Preissteigerungen.» «Der Markt ist wankelmütig.» «Der Markt deutet die Regierungsbeschlüsse als Nein zur Devaluation.» «Die rasche Entscheidung des Marktes weiß zu überraschen.» «Der Markt zog seine eigenen Schlüsse.»

Mal ist er bockig und zerknirscht:

«Der Markt lässt sich von den Regierungsmaßnahmen nicht beeindrucken.» «Der Markt ist nicht überzeugt, dass Italien es ernst meint.» «Der Markt ist tief enttäuscht von der Deutschen Bundesbank.»

Mal aggressiv und brutal:

«Die griechische Regierung führt einen Krieg gegen den Markt.» «Lassen die USA es zu, dass der Markt den Dollar k.o. schlägt?» «Der Markt wittert Blut.» «Die Zentralbank hat noch was in petto.» «Wir müssen dem Markt beweisen, dass wir es ernst meinen!»

Und bisweilen traurig:

«Die Nerven des Markts sind strapaziert.» «Das fallende Pfund irritiert den Markt» «Der Markt hat sich vom Rückschlag noch nicht erholt.» «Die Nervosität des Marktes geht vermutlich aufs Konto von Ex-Finanzminister Anders Borg.» «Seine Kommentare verwundern den Markt.» «Die Grundstimmung des Marktes: Unsicherheit.» «Markt leidet unter Spasmen.» «Der Markt ist deprimiert.» «Gestern versuchte Portugal, den Markt zu besänftigen.»

Wenn der Markt ganz besonders aufgebracht ist (klinisch depressiv oder in panischer Angst vor dem freien Fall), bringt ihm die Gesellschaft Opfer. In Form enormer Geldsummen, mit denen die Ökonomie «stimuliert» werden soll. Die Menschen, der Staat oder am besten beide sollen mehr konsumieren, damit der Markt in Schach gehalten wird. Das kostet, doch die Alternative wäre so schrecklich, dass wir sie uns gar nicht erst ausmalen möchten. Konsum wird zum heiligen Blut – rein, unrein, schön, widerlich und heilig zugleich.

«Bei all dem Gefasel von Stimulation, möchte man beinahe glauben, der Markt sei eine riesige Klitoris», schreibt die amerikanische Journalistin Barbara Ehrenreich. Dabei funktioniert die Ökonomie nicht einmal annähernd so kompliziert wie der weibliche Körper.

Eines gewissen Fingerspitzengefühls bedarf es allerdings trotzdem.

Einerseits gilt die Ökonomie als die klare Stimme der Vernunft (die vorzugsweise in komplizierten mathematischen Formeln zu uns spricht), andererseits dreht sich alles um die Befindlichkeiten des Marktes. Sein turbulentes Gefühlsleben, das in all seinen Facetten dokumentiert wird – zum Beispiel in der *Financial Times*, dem *Handelsblatt* oder dem *Wall Street Journal*.

Und während wir den Markt beschreiben, als besäße er menschliche Gefühle, sprechen wir uns selbst die Gefühle immer häufiger ab. Als wären wir seelenlose Waren oder Unternehmen auf, ganz genau, dem Markt.

«Ich muss an mein Branding denken.» «Du musst mehr in unsere Beziehung investieren.» «Cool, wieder auf dem Markt zu sein.» «Ich schulde dir mehr, als ich dir geben kann.» «Du musst dich halt besser verkaufen.» «Kinder sind eine Investition in die Zukunft.» «Er will die emotionalen Kosten nicht tragen.» «Ihr Haltbarkeitsdatum ist überschritten.»

Während die menschliche Sprache angewandt wird, um den Markt zu beschreiben, wird immer häufiger auf Marktbegriffe zurückgriffen, um den Menschen zu beschreiben.

Die Ökonomie ist ein Mensch. Wir sind Ökonomie.

In ihrem Buch *Mehr Sex, weniger Abwasch* schildert das Autorinnenduo Paula Szuchman und Jenny Anderson, wie wir unser Liebesleben mittels ökonomischer Prinzipien aufpeppen können.

Szuchman und Anderson betrachten die Ehe als ein fiktives Unternehmen. Mit ihrem Buch möchten sie der Leserschaft vermitteln, wie sich der Umsatz dieses Unternehmens maximieren lässt – die Marktlogik hält Einzug in unser Schlafzimmer. Die zugrunde liegende These: Jede Partnerschaft ist wie eine eigene kleine Ökonomie in sich, bestehend aus zwei rationalen ökonomischen Individuen unter demselben Dach. Die Ehe ist ein Unternehmen mit limitierten Ressourcen, mit denen es effektiv hauszuhalten gilt, um schlussendlich Gewinn zu machen. Dabei können uns, so Szuchman und Anderson, die Prinzipien des Marktes helfen, ganz gleich, ob es ums Wäschewaschen, die Kindererziehung oder eine Sexflaute geht.

Ihr Patentrezept illustrieren die Autorinnen am Beispiel von Howard.

Fast jeden Abend, wenn er zu seiner Familie heimkommt, erleidet Howard einen Tobsuchtsanfall. Herumliegendes Spielzeug hier, Dreiräder dort, das Haus ist ein riesiges Tohuwabohu – Howard geht die Hutschnur hoch. Er brüllt und flucht und lässt sich partout nicht besänftigen. Jedes Mal.

Bis seiner Frau Jen *Mehr Sex, weniger Abwasch* in die Hände fällt.

Menschen sind von Natur aus egoistisch und reagieren auf

Anreize, behaupten die ökonomischen Standardtheorien. Erzieht man einen Hund, sagt man «Sitz!», und tut er, wie ihm geheißen, bekommt er ein Leckerli. Das Leckerli ist der Anreiz – das Sitzmachen das erwünschte Verhalten. Auch der ökonomische Mann reagiert auf Anreize. Er ist ein blitzschneller Taschenrechner, der in jeder Situation ausrechnet, wie viel für ihn abfällt.

Diesen Theorien zufolge lässt sich menschliches Verhalten stets darauf zurückführen, mit welchen Gewinnen oder Verlusten man aus einer Situation hervorgeht. Howards Wutausbrüche sind kein erwünschtes Verhalten. Seine Frau bringt er damit auf die Palme und seinen Kindern jagt er Angst ein. Also gilt es, Howard einen Anreiz zu geben, sein Verhalten zu überdenken.

Mit anderen Worten: Es muss sich für Howard auszahlen, seine Wutausbrüche in Zukunft zu unterlassen.

Gesagt, getan – Jen entwickelt ein Anreiz-System. Wenn Howard sich drei Abende in Folge am Riemen reißt – dann schläft sie mit ihm. Und voilà: Schon bald ist Howard sanft wie ein Lamm.

Das ökonomische Trade-Off hat funktioniert, jauchzen Szuchman und Anderson. Andere würden sagen: Willkommen in den Fünfzigern!

Dass Jen unterbewusst die Grundfesten ihrer Ehe verändert hat, darüber schweigt *Mehr Sex, weniger Abwasch* sich aus. In dem Moment, in dem Jen ein ökonomisches Anreizmoment einführt, erstickt sie die erwachsene Sexualität ihrer Ehe.

Die Sexualität wurde von einem Ort des Spielens und der Begegnung zu einem Belohnungssystem. Howard wurde in eine Art bizarres Kind verwandelt, das mit Sex belohnt wird, damit es zu quengeln aufhört. Jens Körper ist nicht länger ein Teil ihrer Person, sondern ein Gebrauchsgegenstand, den sie einsetzt, um andere Menschen bei Laune zu halten.

Diese Geschichte ist so alt wie die Zeit, ganz gleich, in wie vielen ökonomischen Gleichungen sie noch getarnt wird.

Die Sache mit den ökonomischen Anreizen ist eben doch komplizierter, als wir dachten.

Vor rund hundert Jahren brach in Hanoi die Pest aus. Um der Epidemie entgegenzuwirken, wurden kommunale Rattenfänger eingestellt, die vor allem auf die Kanalisation der Stadt angesetzt wurden, und dort hatten sie alle Hände voll zu tun. Die Ratten vermehrten sich in einer solchen Geschwindigkeit, dass die Rattenfänger kaum hinterherkamen. Und obwohl sie jeden Tag Tausende Tiere töteten, schien die Rattenpopulation sich nicht zu verringern.

Deshalb forderte die französische Kolonialherrschaft die Bevölkerung zur Mithilfe auf. Für jeden Rattenschwanz, der den Behörden ausgeliefert wurde, gab es eine finanzielle Belohnung. Zunächst versprach das Programm ein großer Erfolg zu werden, denn jeden Tag wurden zigtausend Schwänze eingereicht. Doch allmählich schwante den Behörden nichts Gutes. Auf den Straßen wimmelte es nur so von schwanzlosen Ratten. Die Menschen hatten damit begonnen, Ratten zu züchten, nur um ihnen den Schwanz abzuhacken und ihre Belohnung einzukassieren.

Das Problem bei so mancherlei Dingen ist: Man bekommt genau das, wofür man bezahlt. Und trotzdem entwickeln sich die Dinge anders, als man es erwartete – eben weil man bekommt, wofür man bezahlt.

Das Rattenfänger-Programm von Hanoi wurde wieder eingestellt.

Eine Kita in Israel hatte seit Längerem ein Problem mit Eltern, die ihre Kinder nicht pünktlich abholten, was dazu führte, dass die Erzieherinnen tagein, tagaus Überstunden schieben mussten. Zwei Ökonomen, Uri Gneezy und Aldo Rustichini, untersuchten diesen Fall genauer.

Um dem Problem mit den saumseligen Eltern entgegenzuwirken, richtete die Kita Bußgelder ein. Wer seine Kinder zu spät abholte, musste ganz einfach dafür zahlen. Das Ergebnis: Die Eltern kamen nun noch später. Wieso das?

Dadurch, dass die Kita Bußgelder eingeführt hatte, war – gänzlich ungewollt – die Hauptmotivation der Eltern ausgeschaltet worden, ihre Kinder rechtzeitig abzuholen: ihr Pflichtgefühl, das Bedürfnis, pünktlich um fünf Uhr zu erscheinen, um dem Personal keine Unannehmlichkeiten zu bereiten. Ohne es zu ahnen, hatte die Kita mit den Bußgeldern einen Preis für zu spätes Abholen eingeführt. Und solange es einen Preis gab, den man entrichtete, glaubte man, seine Schuldigkeit getan zu haben.

Die Eltern betrachteten die Bußgelder als den Preis für eine Art Extra-Service. Der moralische Aspekt war, versehentlich, ausgeschaltet worden. Das Verhältnis zwischen Eltern und Personal hatte sich verändert. Die ursprüngliche Motivation hatte nichts mit Geld zu tun gehabt, doch sobald man das Ganze zu einer Geldfrage macht, ist die Situation eine völlig andere.

Bittet man Passanten, beim Ausladen eines Sofas zu helfen, ist die Chance, dass sie es tun, geringer, wenn man ihnen Geld dafür anbietet. Menschen möchten behilflich sein, doch sobald Geld ins Spiel kommt, erlischt das Motiv der Hilfsbereitschaft.

Mit einem Mal geht es nämlich darum, eine Dienstleistung gegen Bezahlung auszuführen, und dazu fühlen sich die meisten Menschen offensichtlich weniger berufen.

Je mehr Motive, desto besser – behaupten die ökonomischen Standardmodelle für gewöhnlich. Eins plus eins ergibt zwei, und zwei ist größer als eins. Das heißt: Zwei Motive sind besser als eins. So funktioniert der ökonomische Mann. Es mag durchaus sein, dass er sein Kind rechtzeitig von der Kita abholt, weil er die Präferenz hat, dem Personal nicht zur Last zu fallen. Doch das verbietet ihm nicht, zugleich auch auf einen finanziellen Anreiz zu reagieren. Der Rest von uns funktioniert etwas anders, aber nicht, weil Anreize nicht auf uns wirken würden, sondern gerade weil sie das tun.

Ein Lehrer, der einen Gehaltszuschlag bekommt, wenn die Schüler einen guten Abiturschnitt hinlegen, wird bessere Noten geben – was nicht unbedingt heißt, dass die Schüler sich verbessert hätten.

Ein Geschäftsführer, dem ein sechsstelliger Zuschlag in Aussicht gestellt wird, wenn die Aktien des Unternehmens nach oben schießen, wird dafür Sorge tragen, dass ebendas geschieht – was nicht unbedingt heißt, dass er dabei an das langfristige Wohl des Unternehmens denkt.

Wenn ein Anreizsystem eingeführt werden soll, sucht man für gewöhnlich nach etwas, das leicht zu messen ist und sich als Index für den zu optimierenden Faktor eignet. Gute Abiturnoten sind ein Maßstab für die Kompetenzen der Schüler – Aktienwerte der Maßstab für den Erfolg eines Unternehmens.

Häufig führt dies dazu, dass versucht wird, den Anreiz auszutricksen. Lehrer beginnen zu unterrichten, wie man an gute Noten kommt, anstatt Kenntnisse in einem bestimmten Fach zu vermitteln. Der Geschäftsführer trifft Entscheidungen, die den Aktienwert kurzfristig in die Höhe schnellen lassen. Was jenseits des nächsten Quartalsabschlusses passiert, ist erst einmal egal.

Das Problem ökonomischer Anreize, sogenannter Incentives, liegt nicht darin, dass sie nicht funktionieren würden, sondern dass sie eine Situation von Grund auf verändern. In machen Fällen ist das nicht weiter tragisch. Ein Beispiel: Eine Wohltätigkeitsorganisation begann, kostenfreie Impfungen auf dem indischen Land anzubieten. Obwohl der Impfstoff in dieser Region für jeden zugänglich war, wurden acht von zehn Kindern nicht geimpft. Also suchte die Organisation nach Möglichkeiten, die Eltern zu motivieren, ihre Kinder impfen zu lassen. Als wirkungsvollstes Mittel sollten sich ein paar kostenlose Portionen Linseneintopf erweisen. Eltern, die bisher keinen Grund dafür gesehen hatten, ihre Kinder zur Impfung zu schicken, hatten nun einen Anreiz, und die Impfrate stieg merklich an. In gewissen Situationen funktionieren solche Anreizsysteme also ganz wunderbar. Und dennoch: Menschen sind keine isolierten Akteure, die jeder Möhre hinterherlaufen und bei jedem Peitschenhieb parieren. Die Welt, in der wir leben, besteht nicht ausschließlich aus ökonomischen Berechnungen. Mit der Einführung von Incentives läuft man Gefahr, das Element auszulöschen, das alles zusammengehalten hat – so, wie es in der israelischen Kita geschehen war.

Als in der Schweiz eine der zahlreichen Volksabstimmungen ins Haus stand, wurde eine ökonomische Studie durchgeführt. Es ging dabei um die Endlagerung radioaktiven Abfalls, und die Wissenschaftler wollten herausfinden, wie die Menschen sich zu diesem Thema verhielten.

Also klapperten sie mit ihrer Umfrage die Häuser ab: Ob man sich ein solches Endlager für radioaktive Abfälle in der unmittelbaren Umgebung vorstellen könne? Fünfzig Prozent der Befragten antworteten mit ja.

Ein wenig gefährlich klinge das Ganze natürlich schon, fanden die Menschen, und es würde sicher den Wert ihres Hauses mindern, aber irgendwo müsse dieses Endlager ja schließlich hin. Wenn die Behörden es also ausgerechnet in der Nachbarschaft errichten wollten, hatten sie wohl eine gewisse Verantwortung – als Schweizer Bürger.

Auf die Frage, ob man sich das Endlager auch dann vorstellen könne, wenn man für die Unannehmlichkeiten mit einer jährlichen Geldsumme – die sechs Wochengehältern eines durchschnittlichen Angestellten entsprach – entschädigt würde, antworteten nur noch 25 Prozent mit Ja. Im Grunde wollten sie alle anständige Bürger sein. Aber darum ging es nun nicht mehr. Der neue Anreiz hatte den ursprünglichen überlagert.

Die Gans, die goldene Eier legt, ist häufig etwas anderes, als wir dachten.

Deshalb riskieren wir immer wieder ihr Leben.

Im Glauben an die ökonomische Natur des Menschen führen wir Incentives ein, die alle anderen Antriebskräfte verdrängen. Der ökonomische Mann stürzt sich blindlings in eine Situation und wirft dabei alle moralischen, emotionalen und kulturellen Aspekte über den Haufen, die, wie sich im Nachhinein herausstellt, grundlegende Voraussetzungen dafür waren, dass die Wirtschaft funktionieren und gedeihen konnte. Auf den ökonomischen Mann gemünzte Marktprinzipien scheitern nicht nur daran, die wesentlichen Dinge zu erklären, sie laufen ebenfalls Gefahr, Essentielles zu zerstören.

ZEHNTES KAPITEL

In dem wir sehen werden, dass wir nicht gleich egoistisch sind, nur weil wir mehr Geld wollen

Die feministische Ökonomieprofessorin Nancy Folbre gibt häufig folgende Geschichte zum Besten: Es waren einmal ein paar Göttinnen, die beschlossen, einen Wettstreit abzuhalten, eine Art Olympiade der Nationen. Es sollte aber kein gewöhnlicher Wettlauf über eine bestimmte Distanz sein, bei dem der schnellste Läufer die Medaille erhalten würde, nein, es sollte ein Wettlauf sein, bei dem diejenige Gesellschaft gewinnen würde, der es gelänge, all ihre Mitglieder ins Ziel zu bringen.

Als der Startschuss fiel, ging Nation Nummer eins augenblicklich in Führung. Weil diese Nation davon ausging, dass der Wettlauf nicht besonders lang dauern würde, forderte sie all ihre Mitglieder dazu auf, so schnell wie möglich zu laufen, in Richtung des Ziels, von dem niemand wusste, wo es überhaupt lag. Es dauerte nicht lang, bis die Kinder und Alten zurückfielen, doch keiner der anderen Läufer hielt inne, um ihnen zu helfen. Sie waren so beflügelt von ihrer eigenen Schnelligkeit, dass sie sich keine Zeit nehmen wollten. Doch allmählich wurden auch sie müde, und schließlich waren alle Läufer erschöpft und verletzt – und es gab niemand, der ihren Platz hätte einnehmen können.

Nation Nummer zwei verfolgte eine andere Strategie. Sie schickte alle jungen Männer an die Spitze und wies die Frauen an, sich hinter ihnen zu halten, um die Kinder zu tragen und die Alten zu versorgen. Die jungen Männer kamen sehr schnell voran, und wenn ihnen doch einmal die Puste ausging, waren gleich die Frauen zur Stelle. Zunächst schien diese Strategie aufzugehen, doch schon bald gab es die ersten Konflikte. Die

Frauen waren der Meinung, dass ihre Anstrengungen mindestens genauso wichtig wie die der Männer waren, und sie außerdem genauso schnell laufen könnten, wenn sie nicht die Kinder zu tragen hätten. Die Männer wiesen die Anklage entschieden zurück, und die anfangs so vielversprechende Strategie büßte ihre Dynamik ein. Immer mehr Energie wurde an Konflikte, Streitgespräche und Keilereien verschwendet.

Damit waren alle Augen auf Nation Nummer drei gerichtet. Deren Mitglieder hatten das Rennen eher gemächlich begonnen, aber dafür stetig Fortschritte erzielt, wie die Göttinnen erkannten. In dieser Nation waren die Bürger dazu aufgefordert, die Aufgaben untereinander aufzuteilen. Männer und Frauen waren gleichermaßen ermutigt worden, am Rennen teilzunehmen, außerdem sollten sie sich damit abwechseln, die Kinder und Alten zu versorgen. Schnelligkeit und Empathie waren gleichermaßen geschätzt, und die kollektive Verantwortung motivierte die Menschen zur Solidarität. Natürlich war es diese Nation, die als Sieger hervorging. Eine zuckersüße Geschichte, nicht wahr?

Jede Gesellschaft muss in irgendeiner Form die soziale Absicherung ihrer Mitglieder organisieren, sonst kann weder die Ökonomie noch sonst irgendetwas funktionieren. «Woher bekommen Sie Ihr Abendessen?», lautete die Grundfrage der Ökonomie. Und auch wenn Adam Smith das Eigeninteresse als Antwort anführte, war es seine Mutter, die zusehen musste, dass allabendlich eine Mahlzeit auf dem Smithschen Tisch stand und Adam versorgt wurde, wenn er ein Wehwehchen hatte.

Ohne Fürsorge können Kinder nicht wachsen, Kranke nicht gesund werden, Alte nicht leben und Männer wie Adam Smith nicht schreiben. Indem sich andere Menschen um uns kümmern, erfahren wir so überlebenswichtige Eigenschaften wie Solidarität, Empathie, Respekt, Selbstdisziplin und Rücksichtnahme.

Die Ökonomie wollte «Liebe konservieren». Sie aufsparen, indem man sie wegsperrte und Antriebskräfte wie Rücksichtnahme, Empathie und Fürsorge aus den Analysen verbannte, da es ja hieß, sie würden keinen Wohlstand generieren.

Das eine tat man für Geld, das andere aus Nächstenliebe – zwei völlig unterschiedliche Motivationen. Und sie konnten beisammen nicht kommen.

Der Umkehrschluss war nicht minder entscheidend: Wohlstands- und Finanzfragen wurden aus den Diskursen um Nächstenliebe, Empathie und Fürsorge verbannt, und womöglich ist dies einer der Hauptgründe für die benachteiligte ökonomische Position der Frau.

«Das Geld ist menschliche Glückseligkeit in abstracto», schrieb der Philosoph Artur Schopenhauer. «Daher, wer nicht mehr fähig ist, sie in concreto zu genießen, sein ganzes Herz an dasselbe hängt.» Geld ist eine Art gefrorene Begierde, die sich auf nichts Bestimmtes richtet, sondern eher als Symbol einer allgemeinen Befriedigung fungiert.

Wir beten das Geld an und denken noch im selben Moment, dass wir etwas Unanständiges tun, so, wie es bei den meisten Begierden der Fall ist. Vor allem dann, wenn sie von Frauen empfunden werden.

Fürsorgearbeit wurde traditionell zu Hause ausgeführt. Das Zuhause war der Ort, an den die Männer nach einem harten Tag in der kalten, unpersönlichen Welt der Lohnarbeit heimkehrten. Hier konnten sie sich fallen lassen, ins weiche Reich ihrer Frauen zurücksinken, das sich aus Gefühl, Moral, Sinnlichkeit und kunstvoll gehäkelten Spitzengardinen zusammensetzte.

Hier war der Mann kein Rädchen in einer Maschinerie, wo er ökonomischen Anreizen ausgesetzt wurde, damit er ein bestimmtes Verhalten an den Tag legte. Nein, hier konnte er sich eine Auszeit vom Markt nehmen und unter den milden Augen seiner Gattin zu einem besseren Menschen werden. Doch nicht genug damit, dass die Frau das Leben ihres Mannes durch Fürsorge und Empathie ins Gleichgewicht bringen und ihn mit jenen Seiten der menschlichen Erfahrung vereinen sollte, die er negierte – nein, die gesamte Gesellschaft sollte sie ausbalancieren.

Solange ihre liebliche Welt einen Gegenpol zum Markt darstellte, dachte man sich, würde die Menschheit nicht in ungehemmte Gier und Konkurrenz zurückfallen. Mit ihrem fürsorglichen Wesen gab die Frau der Schufterei ihres Mannes einen Sinn. Das war ihre ökonomische Funktion, ein Märchen, das sich zu Beginn des Viktorianischen Zeitalters erzählt wurde, als der Kapitalismus, wie wir ihn heute kennen, stark genug wurde, um fortan Geschichten über sich selbst zu erzählen.

Obwohl die Fürsorgearbeit allmählich in Krankenhäuser, Tagesstätten und Pflegeheime verlegt wurde, blieb die Dichotomie zwischen Liebe und Geld bestehen. Man kümmerte sich um andere, weil man ein guter Mensch war – also eine Frau –, und nicht weil man Karriere machen und sein Leben finanzieren wollte.

Die ersten Krankenschwestern waren oftmals Nonnen, also Frauen, die ein Armutsgelübde abgelegt hatten. Im Übrigen bestand die Krankenschwesterzunft überwiegend aus jungen Frauen, die darauf warteten, sich bald zu verheiraten. Sie hatten keine Familien, um die sie sich kümmern mussten, doch früher oder später würde sicher ein Mann kommen und sich ihrer annehmen, weshalb sie nicht darauf angewiesen waren, sich mit ihrer Arbeit zu finanzieren. Außerdem, so hieß es, war die Arbeit einer Krankenschwester etwas Nobles und Wichtiges. Und deshalb sollte sie sich nicht auszahlen müssen.

Wenn es um Männer geht, läuft diese Argumentation meist in die andere Richtung: Arbeiten, die der Gesellschaft zuträglich sind, sollen sich rentieren. Der ökonomische Mann denkt sich: Wenn meine große Bank pleitegeht, kollabiert die gesamte Ökonomie – ergo verdiene ich einen Bonus mit reichlich Nullen vor dem Komma. Für Frauen gilt diese Logik nicht, und da es vorrangig Frauen sind, die im Pflegebereich arbeiten, gilt sie genauso wenig für diesen Berufszweig.

Ob Frauen im Pflegebereich arbeiten, weil die Gehälter niedrig sind, oder ob die Gehälter im Pflegebereich niedrig sind, weil Frauen dort arbeiten, lässt sich nicht eindeutig beantworten. Fakt ist, dass die ökonomische Ungleichheit zwischen Männern und Frauen sich mitunter darauf zurückführen lässt, dass überwiegend Frauen im Pflegebereich arbeiten. Pflege und Fürsorge werden von der Ökonomie gnadenlos unterschätzt. Nicht zuletzt aufgrund der Dichotomie zwischen Liebe und Geld.

Die Begründerin der modernen Krankenpflege, Florence Nightingale, wurde 1820 in Florenz als Kind britischer Eltern geboren. Diese tauften sie kurzerhand nach der toskanischen Stadt am Fluss Arno, und weil die Familie vermögend war, genoss Florence eine schulische Ausbildung.

Florence war sehr gläubig und wusste schon früh, dass Gott sie dazu berufen hatte, Krankenschwester zu werden. Zum Leidwesen ihrer Mutter. Erstens war die Krankenpflege kein sonderlich angesehener Beruf, und zweitens wurde er von Frauen ausgeführt, die weniger gut gestellt waren. Doch Florence trotzte den Einwänden ihrer Familie und ließ sich zur Krankenschwester ausbilden.

1853 brach der Krimkrieg aus. Es war das jüngste und blutige Ereignis in einem langen Kampf zwischen den europäischen Großmächten um Machteinfluss auf das zerfallende Osmanische Reich. Der Krieg war berüchtigt für die unsachgemäße Wundversorgung und eine große logistische Inkompetenz. In einem verheerenden Sturm wurden fast dreißig Schiffe zerstört. Medikamente, Lebensmittel, Kleidung – alles sank auf den Meeresgrund. Die Cholera forderte unzählige Opfer, und daheim in Großbritannien standen die Menschen unter Schock. Es handelte sich um den ersten «modernen» Krieg, nicht nur weil erstmalig Schützengräben sowie Infanterieeinheiten mit durchgehend gezogenen Gewehren zum Einsatz kamen, sondern auch weil die Telegrafie es möglich machte, Nachrichten über weite Entfernungen zeitnah zu versenden. Zum ersten Mal konnten die Medien einen Krieg unmittelbar überwachen. Die Zeitungen berichteten über das Elend auf der Krim, und wie so viele andere spürte auch Florence Nightingale, dass sie etwas unternehmen musste. Am 21. Oktober 1854 reiste sie mit achtunddreißig weiteren freiwilligen Krankenschwestern ans Schwarze Meer. Noch ehe das Schiff im Hafen von Scutari (dem heutigen Üsküdar), vor Anker ging, wurde in der britischen Presse ein Artikel über die bemerkenswerte Leiterin dieser Expedition publiziert. Wer war dieses Fräulein Nightingale? Frauen im Militärkrankenhaus – das war eine Sensation.

Im Lazarett in Scutari, auf der asiatischen Seite Konstantinopels, waren das Personal überlastet und die hygienischen Zustände katastrophal. Masseninfektionen standen an der Tagesordnung, und Verwundete krepierten auf dem schmutzigen Boden. Mit ihrem angesparten Geld sowie Spenden von *Times*-Lesern nahm Florence Nightingale die Dinge in die Hand. Sie mietete ein Haus in der Nähe des Feldlazaretts und richtete eine Wäscherei darin ein. Auf dem Markt wurde frisches Gemüse eingekauft, außerdem sah sie zu, dass die Soldaten reichlich Zitrusfrüchte aßen, um Mangelerscheinungen entgegenzuwirken, denn bislang hatte die Nahrung nahezu ausschließlich aus rohem, oftmals vergammeltem Fleisch bestanden, das portionsweise ausgeteilt worden war. Aber jetzt wurde ein Sternekoch aus London engagiert.

Die eingeleiteten Maßnahmen ließen die Sterberate beträchtlich sinken, und Nightingale führte sorgsam Buch über ihre Erfolge. Dem ständigen Gegenwind seitens der Militärärzte trotzend, revolutionierte sie die Krankenversorgung. Als sie nach London zurückkehrte, wurde sie als Nationalheldin gefeiert. Der soziale Skandal, den ihre Familie gewittert hatte, blieb aus, und das Gegenteil trat ein – Florence Nightingale wurde eine Legende. Sie war die freundliche Dame in weißer Schwesterntracht, die in überfüllten Krankensälen über die Verwundeten wachte, die sie deshalb «die Dame mit der Lampe» nannten – ein Epitheton, das die Medien nur allzu gern aufgriffen. Ein vor Freundlichkeit, Milde und Pflichtgefühl funkelnder Leitstern in finsteren Krankenhausnächten.

Bis heute gilt Florence Nightingale als stiller, bescheidener, zurückhaltender Engel, der keinerlei Interesse an Geld hatte. In Wahrheit war sie eine kampfeslustige Gesellschaftskritikerin, die an ökonomischen Fragen sehr wohl interessiert war. Ihren Kampf für ein Umdenken in der Krankenpflege bestritt sie mit Statistiken und nicht mit jenem schamroten, selbstlosen Altruismus, der ihr im Nachhinein zugeschrieben wurde.

Gott und Mammon sind keine Feinde, konstatierte Florence Nightingale. Dass die Krankenschwestern ihre Arbeit im Auftrag Gottes ausführten, hieß nicht, dass sie nicht dafür entlohnt werden sollten. Immer wieder taucht in Nightingales Schriften der Gedanke auf, dass es nicht widersprüchlich sei, Gutes zu tun und zugleich eine stabile Ökonomie anzustreben, denn Geld sei ein unabdingbares Mittel für jene, die Gottes Auftrag auf Erden ausführen wollten.

Ihr Leben lang kämpfte Florence Nightingale für angemessene Gehälter in der Krankenpflege, ein Umstand, den wir gern unter den Teppich kehren. Wir sind gefangen in der Vorstellung, dass man etwas entweder für Geld oder aus Nächstenliebe tut. Eine Vorstellung, die eng verknüpft ist mit unserem Bild der Geschlechterverhältnisse. Männer werden angetrieben von ihrem Eigeninteresse, und Frauen sind das «andere», das die Gesamtheit zusammenhält.

Beide Antriebskräfte in einem Menschen vereint, ganz gleich, welchen Geschlechts, dieses Bild scheint außerhalb unseres Vorstellungsvermögens zu liegen. Auch wenn es der Wahrheit am nächsten käme.

So wie unsere Beweggründe dafür, unsere Kinder pünktlich von der Kita abzuholen, oder die Behörden eine Endlager für radioaktive Abfälle in unserem Garten errichten zu lassen, zu vielschichtig sind, als dass sie sich einzig auf ökonomisches Kalkül zurückführen ließen, ist auch die Antriebskraft für Fürsorgearbeit zu komplex. Es lässt sich jedenfalls nicht argumentieren, dass Frauen dafür geschaffen wären, zum Wohle der Menschheit Rücken und Seele zu schinden und als weiches Gegengewicht zum harten Markt herzuhalten.

Nicht einmal Florence Nightingale, die fleischgewordene

Verkörperung der selbstlosen Fürsorgearbeit, war eine «Florence Nightingale». Doch die Vorstellung, dass Fürsorge eine unerschöpfliche Ressource, gewonnen aus der weiblichen Natur ist, scheint unerschütterlich. Weil diese Vorstellung gebraucht wird.

Wir haben Florence Nightingale zu dem gemacht, was wir sie sein lassen wollten. Zu etwas, das der Mann benötigte, damit seine Gesellschaft funktionierte.

Stellt sich nur die Frage nach dem Haltbarkeitsdatum dieser Vorstellung.

Heutzutage herrscht ein weltweiter Personalmangel in der Krankenpflege. Die Zeiten, in denen einer Vielzahl Frauen nichts anderes übrig blieb als in diesem Bereich zu arbeiten, sind vorüber. Zumindest in den westlichen Ländern.

Allein zwischen 2000 und 2003 wurden rund 3500 philippinische Ärztinnen und Ärzte zu Krankenschwestern und -pflegern umgeschult. Die meisten von ihnen gingen anschließend in die USA, wo eine Krankenschwester das Zehnfache eines Arztes auf den Philippinen verdient.

Viele examinierte Krankenschwestern emigrieren aus verschiedenen afrikanischen Ländern nach Südafrika, von dort aus nach Kanada und schließlich in die USA. Subsahara-Afrika ist von 24 Prozent aller Krankheiten auf der Welt betroffen, verfügt aber nur über 3 Prozent des weltweiten Krankenpflegepersonals. In Sambia kommen 2,2 Krankenschwestern auf 10 000 Menschen, vierzigmal weniger als in den Vereinigten Staaten.

Auf dem Markt geht man eben dorthin, wo das Geld wartet.

Frauen wollen sich ein besseres Leben aufbauen, und in vielen Ländern herrscht ein Personalmangel im Pflegebereich – auch im Westen ein ungelöstes Problem. In Schweden wird erwartet, dass bis zum Jahr 2030 rund 130 000 Fachkräfte in der Pflegebranche fehlen werden. In den USA liegt der entsprechende Vergleichswert zwischen 400 000 und 800 000 fehlenden Fachkräften.

Auch wenn die Löhne für Krankenpflegepersonal in den westlichen Ländern vergleichsweise hoch sein mögen, sind sie noch immer niedrig im Verhältnis zu anderen Branchen. Das erschwert die Personalrekrutierung. Offenbar spielt Geld sehr wohl eine Rolle.

Aber macht das die Fürsorgearbeit weniger nobel oder weniger wichtig?

Für den ökonomischen Mann spielt es keine Rolle, ob es um Geld geht oder nicht. Er ist ohnehin egoistisch. Immer. Ob es um Gehaltsfragen geht, darum, wie er sich das Leben nimmt oder welchen Weg er zur Arbeit nehmen soll. Echte Menschen hingegen haben stets ihre komplexen Motive und Antriebskräfte im Hinterkopf – auch, was ihr Verhältnis zu Geld betrifft.

Die Forschung hat versucht, der Beziehung zwischen Geld und dem Willen, Gutes zu tun, auf den Grund zu gehen. Fürsorge, Ethik, Loyalität und Zufriedenheit, all das löst sich bisweilen in Luft auf, sobald Geld ins Spiel kommt. Zusätzliche Anreize treiben uns nicht automatisch dazu an, ein bestimmtes Handeln an den Tag zu legen – wie die Kita in Israel oder die Volksabstimmung über den radioaktiven Abfall in der Schweiz gezeigt haben.

Allerdings stellte sich heraus, dass unsere eigenen Motive verstärkt werden, wenn wir das Geld als Anerkennung unserer Leistung betrachten. Wir sind zufriedener und fühlen uns in unserem Handeln bestärkt.

Wir möchten uns in dem, was wir tun, respektiert und unterstützt fühlen, und Geld ist eine Möglichkeit, uns diese Bestätigung zu geben. Und eines sollte man nicht vergessen: Menschen brauchen Geld. Sogar Frauen. Niemand ist erpicht darauf, sich ausgebeutet zu fühlen, und nur weil sich etwas um Geld dreht, heißt das nicht, man wäre egoistisch.

Adam Smith wollte Liebe konservieren, also stopfte er sie in ein Einmachglas. Das Etikett beschrifteten die Ökonomen mit dem Wort «Frauen». Fortan galt es, den Inhalt mit nichts zu vermengen, ihn isoliert und verschlossen aufzubewahren. Die Logik dieser «anderen Ökonomie» wurde als etwas betrachtet, das für sich stand und gesellschaftlich belanglos war. Im Grunde genommen war sie auch keine Ökonomie, sondern eher eine unerschöpfliche natürliche Ressource.

Später schlossen die Chicago-Ökonomen, dass diese Logik nicht nur irrelevant war, wenn es darum ging, wie Wohlstand generiert wurde, sondern dass sie schlichtweg nicht existierte. Also, dachten sie sich, wäre es viel sinnvoller, wenn wir unser Familienleben und unsere Partnerschaften auf die Logik des Marktes gründen.

Etwas anderes existierte ohnehin nicht.

Wenn wir Liebe und Fürsorge tatsächlich für die Gesellschaft hätten konservieren wollen, dann hätten wir sie mit Geld und Ressourcen fördern müssen, anstatt sie wegzusperren. Außerdem hätte die Ökonomie sich darauf konzentrieren müssen, was für den Menschen wirklich wichtig ist. Doch wir taten das Gegenteil.

Wir definierten den Menschen neu, damit er sich in unsere ökonomische Vision einfügte.

ELFTES KAPITEL

In dem wir sehen werden, dass eins minus eins immer noch null ist

1978 begann Deng Xiaoping die chinesische Wirtschaft zu liberalisieren. Zwei Jahre zuvor war der Vorsitzende Mao verstorben, und eine Welle steigenden Wohlstands war über Japan, Taiwan, Hongkong und Südkorea hinweggerollt. Marktprinzipien anstelle von Planwirtschaft lautete die Devise.

Es galt, Chinas Interessen zu wahren.

Die Kommunistische Partei erklärte den Antrieb des Wirtschaftswachstums zu ihrer «zentralen Aufgabe», und binnen zwei Jahrzehnten wurde China von einem abgeschotteten Hinterhof in ein kapitalistisches Phänomen verwandelt. Ein Wachstum, wie es die Welt noch nicht gesehen hatte. Von der Diktatur des Proletariats hin zur Diktatur der Wirtschaft. Die Ökonomen waren überall: Sie schmiedeten Privatisierungspläne, übernahmen Unternehmen, die sie just privatisiert hatten und drängten die alten Maoisten beiseite.

Deng Xiaoping stieß in der Partei auf internen Widerstand, und die Reformen wurden in Etappen durchgeführt. Keine Schocktherapie à la Russland, man tappte sich sacht voran. Niemand sprach von einem finalen Ziel – doch wer die Fäden zog, war offensichtlich. Die Ökonomen waren die neuen Oberpriester Chinas geworden – bewandert in den ökonomischen Theorien des Westens und loyal gegenüber dem chinesischen Projekt zugleich. Mit Zitaten von Karl Marx und des Vorsitzenden Mao wurden die Ideen neoliberaler Ökonomen etikettiert.

Inzwischen wird in Shanghai mit einer solchen Geschwindigkeit gebaut, dass der Stadtplan im Zwei-Wochen-Rhythmus korrigiert werden muss. Im Laufe von dreißig Jahren wurden dreihundert Millionen Menschen von einer Agrargesellschaft in die Modernität katapultiert, ein Prozess, der im Westen mehr als zweihundert Jahre in Anspruch genommen hatte.

Doch zugleich prasselt ein saurer Regen über ein Drittel des Landes herab, und ein graubrauner Dunst steigt auf. Jedes Jahr sterben 400 000 Menschen an den Folgen der Luftverschmutzung. Ein umweltbedingter Selbstmord.

Bei den Protesten auf dem Tian'anmen-Platz im Jahr 1989 ging es in erster Linie um Frieden und Meinungsfreiheit, aber auch um ein Unbehagen angesichts der neoliberalen Reformen, die China im Vorjahr durchgesetzt hatte: Maßnahmen, die Ungleichheit und Inflation zur Folge gehabt hatten. Als Deng Xiaoping am frühen Morgen des 4. Juni den Schießbefehl gab und damit das Tian'anmen-Massaker einläutete, waren es nicht nur die Forderungen nach Demokratie, die verstummten. In dem Moment, als die Panzer auf den Platz rollten, wurde auch die öffentliche Debatte um Gleichheit erstickt. Zumindest für die nächsten fünfzehn Jahre.

Seit 1983 verdienen chinesische Arbeiter, gemessen am BIP, von Jahr zu Jahr schlechter, und in den Fabriken herrschen katastrophale Arbeitsbedingungen. Als sich im Laufe von sechzehn Monaten vierzehn Angestellte des iPhone-Herstellers Foxconn das Leben nahmen, wurden die Gehälter um 30 Prozent angehoben. Zugleich mussten die Angestellten eine Erklärung unterzeichnen, in der sie versicherten, keinen Selbstmord zu begehen. Täten sie es doch, würden ihre Familien mit der geringstmöglichen Entschädigung abgespeist werden.

Aber Selbstmord ist nicht das einzige Problem: Das hochchinesische Wort *guolaosi* bedeutet so viel wie «Tod durch Überarbeitung».

Er ist so häufig, dass man ein Wort dafür benötigt.

Einige Monate nach Deng Xiaopings ersten Reformen wurde Paul Volcker Vorsitzender der Federal Reserve. Es war im Juli 1979, und die Inflation in den USA war so hoch, dass sie zu einer selbsterfüllenden Prophezeiung geworden war. Jeder ging davon aus, dass der Dollar schon morgen weniger wert sein würde als heute. Um dem entgegenzuwirken, wurden Löhne und Preise konsequent angehoben, und das wiederum führte dazu, dass der Dollar noch weiter sank – und Löhne und Preise abermals stiegen.

Paul Volcker war fest entschlossen, die Inflation zu bekämpfen. Koste es, was es wolle. Binnen weniger Monate strukturierte er die gesamte amerikanische Geldpolitik um. Als zwei Jahre später Ronald Reagan als Präsident der Vereinigten Staaten vereidigt wurde, lag die Arbeitslosenquote bei 8,4 Prozent, und die Inflation bewegte sich noch immer im zweistelligen Bereich. Reagan versuchte, die Wirtschaft mit drastischen Steuersenkungen und erhöhten Militärausgaben zu stimulieren, während er zugleich die Federal Reserve dazu aufrief, die Wirtschaft mittels Zinserhöhungen und einer Politik, die Kreditaufnahmen erschwerte, auszubremsen.

Zu diesem Zeitpunkt war Margaret Thatcher bereits Premierministerin von Großbritannien. Ihr Ziel: Die Gewerkschaften sollten gezügelt, der Staat verkleinert und die Ökonomie des ehemaligen Empires reaktiviert werden. Sie hatten sich gesucht und gefunden – Thatcher und Reagan.

Der Beginn einer neuen Ära.

Der Neoliberalismus, der bis dato eine obskure politische Doktrin gewesen war, wurde nun ins Zentrum der Projekte Thatchers und Reagans gerückt. «Gesellschaft – so etwas gibt es nicht», tat Thatcher kund. Nur freie Individuen und deren Familien. Keine Gemeinschaft, kein Kollektiv.

Der Neoliberalismus in Reinform zielt darauf ab, die Rolle des Staats auf das Drucken von Geld und die Organisation des Militärs, der Polizei und der Rechtspflege zu beschränken. Die Aufgabe der Politik besteht darin, einen deutlichen Rahmen für Privateigentum, freie Märkte und freien Handel bereitzustellen. Mehr nicht. Von den Bereichen, in denen es keinen Markt gibt, einmal abgesehen: Land, Wasser, Krankenpflege, Umwelt, Bildung. Hier soll der Staat intervenieren und Märkte aufbauen, indem er privatisiert, alles ordentlich durchrüttelt und marktkonforme Bedingungen schafft. Am Ende soll sich alles kaufen und verkaufen lassen. Nur so, heißt es, kann die menschliche Gemeinschaft funktionieren.

Wenn es nach den neoliberalen Theorien geht, obliegt es der Politik, eine Wettbewerbssituation zu schaffen und diese aufrechtzuerhalten. Lasst die Rädchen schnurren und den Kuchen aufgehen!

Die Poeten des Neoliberalismus, wie zum Beispiel der Sozialphilosoph Friedrich August von Hayek oder der Ökonom Milton Friedman, machten nicht selten durch eine differenziertere Rhetorik von sich reden als die Politiker, die in ihren Spuren wandelten. Der Grundgedanke blieb dennoch derselbe: niedrige Steuern, kleinerer Staat, weniger Regulierung des Finanzsektors.

Wenn man das Individuum nur machen ließe, auf dem Arbeits- wie auch auf dem Aktienmarkt, würde die Ökonomie ganz von allein gedeihen, dachte man sich. Der ökonomische Mann würde arbeiten, Unternehmen gründen, handeln und seinen Nutzen maximieren. Er würde das tun, was in seiner Natur liegt, also: Psst, bitte nicht stören! Untersteht euch, seine natürlichen Antriebskräfte auszuschalten! Ambitionierte Wohlfahrtsprogramme zerstören den Markt nur. Sicherheit betäubt die Menschen. Warum sollten sie dann noch arbeiten?

Der ökonomische Mann trifft stets die rationalste Entscheidung, und bekommt er vom Staat Geld, wenn er arbeitslos oder krank ist, ja dann bleibt er eben arbeitslos oder krank – schließlich profitiert er davon.

Die Ressourcen auf der Welt sind knapp bemessen. Das führt zu Disziplin, weil wir Menschen gezwungen sind, in einen Wettstreit zu treten. Einen Wettstreit ums Überleben. Marktlösungen und gesellschaftliche Klüfte sind eine Strategie, um die Menschen im Zaum zu halten. Bekommen sie, was sie brauchen, ohne zuvor darum kämpfen zu müssen, haben sie keinen Anlass, sich zu disziplinieren.

Demnach wäre es schlicht unmoralisch, den Menschen etwas ausgehend von ihrem Bedarf und nicht aufgrund ihrer Leistung zu geben. Das nämlich wäre ihnen ein Anreiz, ihr Potenzial nicht gänzlich auszuschöpfen, folglich täte man ihnen keinen Gefallen. Wir sind rationale Wesen, und wenn wir ein System etablieren, in dem es rational ist, sich auf die faule Haut zu legen – bekommen wir eine Gesellschaft der Faulheit.

Dieser Perspektive zufolge, gibt es in einer Gesellschaft stets Gewinner und Verlierer: Die Diszipliniertesten siegen und verdienen sich ihren Erfolg. Wer viel Geld macht, beweist, dass er ein redlicher Mensch ist, und Steuersenkungen für Spitzenverdiener scheinen angebracht.

Ausbleibender Erfolg hingegen wird als Zeichen für mangelnde Disziplin gedeutet. Folglich wäre es nur gerecht, wenn die Undisziplinierten den Diszipliniertesten dienen. Im lausig bezahlten Dienstleistungssektor wird es jede Menge Jobs für sie geben. Auf dass ein jeder so gute Arbeit leiste, wie er nur kann. Möge uns der freie Markt inspirieren und an Fleiß und Wohlstand gemahnen.

In diesem Sinne zielte Margaret Thatchers und Ronald Reagans Rhetorik darauf ab, unsere angeschlagenen Ökonomien mittels simpler Prinzipien zu kurieren. Doch weder Thatcher noch Reagan wollte es in den 1980er Jahren gelingen, ihre Länder zu ökonomischen Höchstleistungen anzutreiben. Nach dem Tief zu Anfang des Jahrzehnts verzeichneten sowohl die USA als auch Großbritannien einen wirtschaftlichen Zuwachs (wie es häufig der Fall ist, wenn es nach einer Konjunkturflaute bergauf geht). Die Inflation wurde bekämpft, die Zinsen fielen, doch die Arbeitslosenquote war erschreckend hoch. Beide Länder sahen sich mit einer immer größer werdenden Ungleichheit und einem äußerst schleppenden Produktivitätszuwachs konfrontiert.

Zwar mögen die neoliberalen Ideen die Debatte der 1980er dominiert haben, doch, ökonomisch betrachtet, wurden die wahren Erfolgsgeschichten jener Zeit von Westdeutschland und Japan geschrieben, also in Ländern, in denen es durchaus Zentralbanken gab, die der Inflation entgegenzuwirken suchten, die sich aber nicht das neoliberale Reformpaket einverleibt hatten.

Westdeutschland zeichnete sich durch hohe Gehälter und starke Gewerkschaften aus, die japanische Wirtschaft wiederum war von beträchtlichen staatlichen Investitionen geprägt. Und trotzdem schielten alle in Richtung des Neoliberalismus.

Er war so viel mehr als nur ein ökonomisches Programm.

*

Als die ökonomischen Theorien des Neoliberalismus die Bühne betraten, gaben sie das Versprechen, ein zweiköpfiges Monster namens *Stagflation* zu bezwingen, das gegen Ende der 1970er Jahre Einzug in die Weltwirtschaft gehalten hatte – hohe Inflation *und* hohe Arbeitslosigkeit, beide Plagen auf einen Schlag. Das hatte bis dato als unmöglich gegolten.

Die von John Maynard Keynes geprägten Ökonomen waren überzeugt gewesen, die Inflation stiege, sobald die Arbeitslosigkeit sinkt. Und umgekehrt. Wenn so viele potenzielle Arbeitnehmer wie möglich einen Job haben, sind sie in der Lage, zu verhandeln und Gehaltserhöhungen zu erwirken. Das wiederum treibt die Preise in die Höhe. Wenn aber die Arbeitslosigkeit steigt, tritt das Gegenteil ein. Entweder – oder. Die Stagflation hatte gezeigt, dass es um dieses Verhältnis nicht ganz so simpel bestellt war. Und kaum werden tradierte Annahmen infrage gestellt, kommen schon auch neue und unbekannte ins Spiel. Wie unerprobt diese neuen Theorien jedoch waren, das vermochte keiner vorherzusehen.

«Um den Armen und der Mittelschicht zu helfen», schrieb der amerikanische Publizist George Gilder, «müssen die Steuersätze für die Reichen gesenkt werden.» Sein Buch *Reichtum und Armut* wurde erstmals 1981 veröffentlicht und verkaufte sich mehr als ein Million Mal. Eine Moraltheorie über die Unfehlbarkeit des Kapitalismus. Ronald Reagan drückte es verzückt seinen Freunden und Beratern in die Hände. Die von Gilder skizzierten Ideen waren die reinste Musik: Wenn die Reichsten noch reicher werden, profitiert die gesamte Wirtschaft.

Gilder ging davon aus, den Armen sei am meisten damit geholfen, die Steuersätze für die Reichen zu senken: Haben die Reichen ordentlich Knete im Portemonnaie, gründen sie Unternehmen, investieren in neue Technologien und kurbeln damit das Wirtschaftswachstum an. Das schafft neue Arbeitsplätze, und bis dato Arbeitslose können in den Unternehmen der Reichen anheuern, Geld verdienen und Steuern zahlen, und das lässt am Ende die Staatskassen klingeln.

Der Staat holt sich das Geld zurück, das er durch die Steuersenkungen eingebüßt hat. Eins minus eins ist nicht mehr gleich null.

Es war Magie und zu schön, um wahr zu sein. Sogar George Bush senior bezeichnete diese Theorien als «Voodoo-Ökonomie».

Er hatte Recht.

Im Jahr 1974 trafen sich der Ökonom Arthur Laffer, Jude Wanniski vom *Wall Street Journal* und ein gewisser Dick Cheney in einem Hotelzimmer in Washington. Man munkelt, Cheney, der einige Jahrzehnte später Vizepräsident der Vereinigten Staaten werden sollte, habe seine liebe Mühe damit gehabt, die Theorie nachzuvollziehen, über die sich die anderen zwei unterhielten. Darum griff Laffer kurzerhand nach einer Serviette und kritzelte eine Kurve darauf.

Der Ansatz war ganz simpel: Wenn ein Staat beschließt, den Steuersatz auf 0 Prozent zu senken, macht er keine Steuereinnahmen mehr. Wird der Steuersatz hingegen auf 100 Prozent erhöht – macht er ebenfalls keine Steuereinnahmen. Niemand wird mehr arbeiten, weil es sich schlicht und einfach nicht lohnt.

Zwischen diesen zwei Punkten zeichnete Laffer seine berühmte Kurve, mit der er scheinbar aufzeigen konnte, dass radikale Steuersenkungen nicht zwangsläufig zu weniger Steuereinnahmen führten, sondern, wider aller Vernunft, das Steueraufkommen steigerten. Spätestens an dieser Stelle machte Cheney große Augen: Sollte das etwa heißen, man könnte die Steuern kräftig senken, ohne dass der Staatshaushalt darunter leiden würde?

Später schrieb Jude Wanniski ein Buch mit dem bescheidenen Titel *The Way the World Works.* So funktioniert die Welt. Gemeinsam mit Gilders *Reichtum und Armut* sollte es Laffers Idee an die westliche Elite vermitteln.

Das Potential der Laffer-Kurve schien schier grenzenlos. Sie war so simpel, und doch schien es, als kreiste unsere gesamte Existenz um sie. Wanniski zufolge war sogar ein Kind in der Wiege dazu in der Lage, Laffers fundamentale steuerpolitische Theorie nachzuvollziehen. Kinder, die noch nicht einmal laufen können, schrieb er, würden etwas lernen, das «Politiker und Ökonomen ständig vergessen, nämlich dass es immer zwei Steuersätze gibt, die zu identischen Steuereinnahmen führen.»

Einem Baby geht auf, dass seine Mutter im Nebenzimmer bleibt, so lange es still in seiner Wiege liegt. Der «Steuersatz» der Mutter liegt bei 0 Prozent, die «Einnahmen» des Kindes (die ihm geschenkte Aufmerksamkeit) ebenso. Wenn es aber unentwegt schreit und damit Aufmerksamkeit einfordert, wird es schnell lernen, dass seine Mutter es nach einer Weile nicht mehr trösten kommt. Anders formuliert: Der «Steuersatz» liegt bei 100 Prozent, die «Einnahmen» weiterhin bei null.

Auf der Basis derartiger Gedankenspiele über Kindererziehung und das durch und durch rationale Wesen eines Babys ließen sich, laut Wanniski, ganz erstaunliche Schlüsse ziehen. Man könnte die Steuern um 200 Milliarden Dollar senken, ohne dass einem das Haushaltssaldo um die Ohren fliegen würde. Doch genau das tat es. Erst hundert Milliarden, dann zweihundert.

David Stockman, Direktor des Office for Management and Budget, kommentierte: «1982 wusste ich, dass die Reagan-Revolution unmöglich war.»

Mit anderen Worten: Laffers Theorien hatten es nicht geschafft, ein ganz basales Faktum außer Kraft zu setzen: Eins minus eins ist noch immer gleich null.

So gern Reagan die Reichen mit niedrigen Steuersätzen beglückt hätte.

Ohne die Wirtschaft im Allgemeinen zu optimieren, markierten diese Jahre den Beginn einer der größten Umverteilungen in der Geschichte: von den vielen zu den wenigen.

In den Jahren 1978 bis 1999 konnten die reichsten 0,1 Prozent der amerikanischen Bevölkerung ihren Anteil am Nationaleinkommen verdreifachen, während in Großbritannien das oberste Perzentil seinen Anteil verdoppelte: von 6,5 Prozent im Jahr 1982 auf 13 Prozent im Jahr 2005. In Russland bildete sich nach der neoliberalen Schocktherapie rasch eine Elite der Superreichen heraus, die dem Rest der Gesellschaft im Sauseschritt davongaloppierte. Heute leben in Moskau mehr Milliardäre als irgendwo anders.

1979 verdiente in den Vereinigten Staaten ein Geschäftsführer das Dreißigfache eines gewöhnlichen Arbeiters, zur Jahrtausendwende war es das Fünfhundertfache. Seinerzeit befand der bekannte Unternehmer J.P. Morgan, dass der Chef eines amerikanischen Unternehmens mindestens das Zwanzigfache eines Angestellten verdienen müsse. 2007 lag das Verhältnis bei 364:1, und die amerikanischen Verhältnisse schraubten an den Chef-Gehältern in der gesamten westlichen Welt. 2009 entsprach das Durchschnittsgehalt der schwedischen Wirtschaftselite rund einundvierzig Monatslöhnen eines Industriearbeiters.

Die Dollar-Milliardäre dieser Welt, rund tausend an der Zahl, horten heute ein Gesamtvermögen, das größer ist als das Vermögen der ärmsten 2,5 Milliarden Menschen. In den USA hat das reichste Perzentil der Bevölkerung in den Jahren 1979 bis 2007 mehr vom totalen Einkommenszuwachs abbekommen als die unteren 90 Prozent.

Selten haben sich so wenige so viel abzweigen können.

Dass die Spitzeneinkommen dermaßen abgedriftet sind, ist zum Teil auf die Globalisierung zurückzuführen. J.K. Rowling zum Beispiel, die Autorin der *Harry Potter*-Bücher, verdient sehr viel mehr als seinerzeit Charles Dickens, da der Buchmarkt heutzutage global funktioniert. Allerdings kann dieser Mechanismus nicht als Universalerklärung für sämtliche von dieser Entwicklung betroffenen Bereiche herhalten.

Laut UN gab es 2005 mehr Ungleichheit auf der Welt als zehn Jahre zuvor, trotz der wirtschaftlichen Fortschritte vieler Regionen. Inzwischen sind die reichsten Länder der Welt im Durchschnitt mehr als hundertmal vermögender als die ärmsten Länder. Vor hundert Jahren lag das Verhältnis bei ungefähr neun zu eins.

Die Superreichen werden zusehends mächtiger, und unter ihnen finden sich nur äußerst wenige Frauen. Angesichts der Tatsache, dass immer mehr Frauen Führungspositionen bekleiden, scheint es bemerkenswert, dass in der *Fortune Global 500*, ein jährliches Ranking des Magazins *Fortune* über die fünfhundert umsatzstärksten Unternehmen, nur fünfzehn weibliche CEOs auftauchen. 2010 wurden lediglich vierzehn Milliardärinnen gezählt, die ihr Vermögen selbst erwirtschaftet hatten, die übrigen hatten geerbt. Und selbst, wenn man sie addierte, machten Frauen nur neun Prozent der Dollar-Milliardäre aus.

In den 1980er Jahren kam der Begriff «Papier-Unternehmerschaft» auf. Im Zuge der Deregulierungen der Finanzmärkte begann in den westlichen Ländern eine Vielzahl der begabtesten jungen Menschen, neue Wege für den Handel mit Wertpapieren zu erproben – auch wenn die Gesellschaft auf diesem Gebiet einen eher limitierten Bedarf an neuen Erfindungen hatte.

Aber dort war das Geld.

2008 starteten 41 Prozent der Alumni der Harvard Business School als Hedgefonds-Manager bei Investmentbanken oder Venture-Capital-Gesellschaften ins Berufsleben. Eine Rekordzahl. Im Herbst desselben Jahres musste die US-Investmentbank Lehman Brothers Insolvenz anmelden, der Auftakt zur globalen Finanzkrise. Binnen achtzehn Monaten verpuffte der Wert von fünfzig Billionen Dollar im Nichts, und dreiundfünfzig Millionen Menschen rutschten unter die Armutsgrenze.

Wenn wilde Spekulationen auf dem Finanzmarkt die gesamte Wirtschaft kippen, bedeutet das, dass es Menschen gibt, die so viel Geld haben, dass sie keinerlei Risiken scheuen. Kumuliert das gesamte Vermögen einer Gesellschaft in deren Spitze, investieren Menschen in Anlagen, die aller Voraussicht nach andere große Investoren anlocken werden. Das führt dazu, dass der Preis bestimmter Aktien oder Immobilien zusehends in die Höhe schnellt. Früher oder später jedoch platzen spekulative Blasen dieser Art. Extreme Ungleichheit und finanzielle Krisen gehen meist Hand in Hand, wobei die Eliten, die diese verursacht haben, in der Regel glimpflich davon kommen.

An jeder Krise, die der Finanzmarkt generierte, konnte er sich zugleich bereichern.

In der Zeit vor der Großen Depression sah die Einkommensverteilung in den Vereinigten Staaten fast genauso aus wie unmittelbar vor der großen Finanzkrise von 2008. 1 Prozent der Bevölkerung verdiente 24 Prozent des Nationaleinkommens – 1928 wie 2008. Und bewegt sich das Geld in Richtung Spitze, zieht die politische Macht mit.

Ohne Zweifel haben die Reichen und Mächtigen mehr Möglichkeiten, die Ausformung und Anwendung der Spielregeln für die globale Ökonomie zu beeinflussen. Das gilt freilich auch für jene Regeln, die sie selbst in die Schranken weisen sollen.

«Gott ist mit allen, mein Kind. ... Und genau betrachtet ist er immer mit denen, die viel Geld und eine starke Armee haben», heißt es beim französischen Dramatiker Jean Anouilh.

Der ökonomische Mann ist der Superheld unserer Welt. Er verkörpert ihr Bestreben und ihre Legitimierung zugleich. Er ist die Geschichte, durch die sie sich selbst einen Sinn gibt und ihre Botschaft predigt: Wenn die Reichen reicher werden, ist allen geholfen. Möge Gott uns beistehen.

Der ökonomische Mann ist derjenige, der uns sagt, es gäbe keine Alternative, und solange wir versuchen, wie er zu sein, wird es auch keine Alternative geben.

ZWÖLFTES KAPITEL

In dem wir alle zu Unternehmern werden

Das höchste Gebäude der Welt steht in Dubai, der Hauptstadt eines der sieben autonomen Emirate, die gemeinsam die Vereinigten Arabischen Emirate bilden. Rekordzuwächse, keine Demokratie, keine politischen Parteien, keine Einkommenssteuer, keine Gewerkschaften.

Ein neoliberaler Vergnügungspark mitten in der Wüste.

Dubai ist bereits als Milton Friedmans «Beachclub» bezeichnet worden – in Erinnerung an den bekannten konservativen Ökonomen. Viele Jahre konnte Dubai die weltweit höchste Wachstumsrate verzeichnen, und das Emirat entwickelte sich zu einer Utopie der Freiheit. In Folge umfassender Deregulierungen hatte die Wirtschaft ordentlich Fahrt aufgenommen. Zeitweise wurde geschätzt, dass rund 15 Prozent aller Baukräne der Welt sich in diesem kleinen Emirat befänden. Der inoffizielle Feiertag des Landes ist das jährliche Shopping-Festival, das sich keiner entgehen lässt: von Familie Beckham bis hin zu afghanischen Drogenbaronen.

Doch umsäumt wird die Stadt von den Lagern der Gastarbeiter; sechs bis zwölf Personen pro Zimmer, eine Küche oder eine Toilette gibt es nur selten.

Sie haben die Stadt erbaut, doch sie blieben unsichtbar. So unsichtbar wie Tausende russische, indische, iranische und armenische Prostituierte, deren Körper von der Mafia in den Luxushotels der Stadt verkauft wurden, um ausländische Investoren anzulocken. Die Freiheit, für die Dubai bekannt wurde, bestand in erster Linie aus der Freiheit der Männer, weibliche Körper zu kaufen.

Die einzige Aufgabe der Politik war es, dem Markt herbeizuschaffen, was er verlangte: billige Arbeitskräfte, freie Spielräume, Sex, Entertainment und Subventionen. Nicht ohne Grund wird der Erbprinz von Dubai bisweilen als Geschäftsführer der Dubai AG bezeichnet, leitet er das Emirat doch wie ein Unternehmen im Dienste der Privatwirtschaft.

Vermutlich ist die neoliberale Utopie nie weiter getrieben worden als hier.

Eine abgelegene Luxuswelt in der Wüste, erbaut, um die Ungleichheit und Umweltzerstörung zu verleugnen, die sie selbst produziert.

Der amerikanischen Feministin und Politologin Wendy Brown zufolge sieht die neoliberale Ideologie den Markt keineswegs als etwas Natürliches an. Stattdessen, so Brown, versucht der Neoliberalismus eine Wirklichkeit zu konstruieren, von der er behauptet, sie würde schon längst existieren.

Einerseits wird davon ausgegangen, der Mensch sei von Natur aus wettbewerbsorientiert, andererseits soll die Politik diesen Wettbewerb durch Anreize anfachen: Deregulierungen, Steuersenkungen und Ausverkäufe.

Einerseits wird davon ausgegangen, der Mensch sei von Natur aus an Reichtum interessiert, andererseits sollen die Steuersätze gesenkt werden, damit sich reich werden überhaupt lohnt.

Weiterhin wird behauptet, dass Konkurrenz die Basis jedweder sozialer Beziehungen sei. Dennoch sind es ebendiese Wettbewerbsbeziehungen, die von der Politik angeregt und geschaffen werden sollen. Es handelt sich eben nicht um einen natürlichen Zustand, sondern um etwas, das es zu konstruieren und aufrechtzuerhalten gilt. Der Neoliberalismus will die Politik nicht abschaffen, er will sie lediglich verändern. Und das hat der Erbprinz von Dubai begriffen.

Weil der ökonomische Mann einen kleinen Anstoß braucht, stellt der Neoliberalismus Anreize, Methoden und Institutionen zur Verfügung, die die Idee eines durch und durch wettbewerbsorientierten, rationalen Individuums unterstützen. Dadurch sollen marktorientierte Entscheidungsprozesse an allen Fronten heraufbeschworen werden.

Man möchte einwenden, der Mensch sei doch sicher nicht in sämtlichen Lebensbereichen auf Nutzenmaximierung und Wettbewerb aus. Doch der Neoliberalismus hat es sich zur Aufgabe gemacht, ebenjene Rationalität zu verbreiten und zu institutionalisieren. Durch Privatisierung und die Regulierung sämtlicher Bereiche, vom Bildungswesen über die Umweltpolitik bis hin zum Gesundheitswesen, auf der Basis derselben Marktprinzipien, wie sie zum Beispiel für den Handel mit Tomaten gelten, wird eine solche Welt erschaffen – und in dieser Welt gibt es nur eine zulässige Logik. Mithilfe politischer Maßnahmen sollen Märkte entstehen, wo zuvor keine waren, um sie dann mit allen zur Verfügung stehenden Instrumenten aufrechtzuerhalten.

Laut Wendy Brown ist der Neoliberalismus alles andere als Laissez-faire, eine ökonomische Schule, die glaubt, der Markt würde gedeihen, wenn wir die Dinge einfach nur ihren Lauf nehmen lassen.

Laissez-faire wäre die extremste Ausdeutung von Adam Smiths Idee der unsichtbaren Hand. Smith selbst hat eine solche Politik – oder, besser gesagt, Nicht-Politik – nicht befürwortet, auch wenn manche ihn in diese Richtung interpretieren. Mit Vertretern des Neoliberalismus sollten sie deshalb jedoch nicht verwechselt werden, so Brown.

Der Neoliberalismus will die Politik nicht abschaffen – er will sie dem Markt unterwerfen. Neoliberale vertreten keineswegs den Standpunkt, man solle die Wirtschaft in Ruhe vor sich hin köcheln lassen, ganz im Gegenteil. Um die Wirtschaft leiten, fördern und beschützen zu können, gelte es vielmehr, soziale Normen zu etablieren, die Konkurrenz und rationales Handeln stimulieren.

Die neoliberale Theoriearbeit fordert die Politik nicht dazu auf, die Finger vom Markt zu lassen, sondern seine Bedürfnisse zu befriedigen.

Dass der Neoliberalismus keine Geldmarkt-, Finanz-, Migrations-, Familien- oder Rechtspolitik betreiben möchte, ist ein Trugschluss. Allerdings sollen Geldmarkt-, Finanz-, Migrations-, Familien- oder Rechtspolitik dafür eingesetzt werden, dem Markt zu geben, was er verlangt.

Der französische Philosoph Michel Foucault machte den Unterschied zwischen Liberalismus und Neoliberalismus an den verschiedenen Betrachtungsweisen ökonomischer Aktivität fest. Der klassische Liberalismus, so Foucault, sei auf Austausch ausgerichtet gewesen: Adam Smith sei es darum gegangen, wie der Mensch handelt und tauscht. Die Logik, dass man etwas gab, um etwas anderes zurückzubekommen, wurde zur grundlegenden Struktur unserer Gesellschaft. Was gibt man, was bekommt man zurück? War das Tauschgeschäft fair? Ging alles mit rechten Dingen zu?

Die Existenz wurde als Summe und Konsequenz einer aus Tauschgeschäften, Verhandlungen und Verträgen bestehenden Handlungskette definiert. Der Liberalismus griff die Logik des Tauschens auf und fertigte aus ihr eine Brille, durch die heraus die Welt betrachtet wurde. Die Politik wiederum galt als eine Art Ansammlung diverser Abkommen: Die Bürger tauschten gewisse Freiheiten gegen eine vom Staat garantierte Sicherheit. Was gibt man, was bekommt man zurück? War das Tauschgeschäft fair? Ging alles mit rechten Dingen zu?

Auch auf andere soziale Beziehungen wurde diese Logik appliziert.

Der Neoliberalismus hingegen befasste sich weniger mit Tauschhandel, sondern legte sein Augenmerk auf den Wettbewerb; Konkurrenz war die Grundidee, durch die sich die Welt interpretieren ließ.

Kurz gefasst: Wenn der Mensch nicht konkurriert, funktioniert er nicht. Mehr noch als eine spezifische Staats- oder Geldpolitik liegt dieser Gedanke der neoliberalen Theorie zugrunde, so Foucault. Während die Anhänger des klassischen Liberalismus und Adam Smith den Tauschhandel als etwas Natürliches angesehen hatten, betrachtete der Neoliberalismus den Wettbewerb als etwas, das es zu konstruieren galt.

Einerseits bildete der Wettbewerb das Fundament der Gesellschaft, andererseits war er eine künstliche Beziehung, die beschützt werden musste – sowohl vor der Tendenz des Marktes, Monopole zu schaffen, als auch gegen die raffgierigen Finger der Politiker. Es hieß, es bedürfe einer konstanten Intervention seitens des Staats, nicht was den Markt selbst, sondern was dessen Prämissen betraf. Und die wichtigste Prämisse war: der Mensch.

«Die Ökonomie ist die Methode; das Ziel ist, Herz und Seele zu verändern», formulierte es Margaret Thatcher.

Der klassische Liberalismus zieht eine Trennlinie zwischen dem Menschen als Bürger und dem Menschen als ökonomisches Wesen. Der Neoliberalismus tut das nicht. Hier gibt es nur eine Beziehung, nämlich die ökonomische. Mit anderen Worten: Es ergibt keinen Sinn, den Bürger vom Arbeiter und den Arbeiter vom Konsumenten zu unterscheiden. Sie sind ein und dieselbe Person. Darf ich vorstellen? Der ökonomische Mann.

Mehr als ein politisches Programm ist der Neoliberalismus eine neue Antwort auf die alte Frage, was es heißt, Mensch zu sein.

Für Karl Marx resultierte aus der Herrschaft des Kapitals, dass die Kompetenzen und die Menschlichkeit der Arbeiter Schritt für Schritt in eine Maschinerie verwandelt wurden. Allmorgendlich ging der Arbeiter in die Fabrik, die ihm nicht gehörte, um Waren zu produzieren, bei denen er kein Mitspracherecht hatte, und die schließlich jemand kaufen würde, damit der Fabrikeigentümer noch reicher werden konnte.

Der Arbeiter stellte die Ware im Auftrag eines anderen und für jemand anders her – mithilfe seines eigenen Körpers. Er – denn es handelte sich stets um einen Mann – wurde allmählich zum Rädchen in einem Getriebe, das nicht ihm gehörte. Er war austauschbar und kaum noch menschlich.

Das Einzige, was er noch verlieren konnte, waren seine Ketten.

Karl Marx erzählte diese Geschichte als Schauspiel mit drei

Rollen: Der Arbeiter war die Arbeitskraft, die Maschine, über die er sich beugte, war fixes Kapital, und das Geld, das seine Arbeit generierte, war flüssiges Kapital. Der Konflikt zwischen Arbeit und Kapital war die Intrige, von der die Geschichte (buchstäblich) angetrieben wurde. Das ist noch immer das klassische Personal der Ökonomie, ganz gleich, ob man damit marxistische Geschichten erzählen möchte oder ob man andere Märchen bevorzugt.

Gegen Ende der 1950er Jahre glaubten amerikanische Wirtschaftswissenschaftler eine große Entdeckung gemacht zu haben. Im Grunde handelte es sich dabei um etwas, das schon viel früher entdeckt wurde, aber wieder in Vergessenheit geraten war.

In *Der Wohlstand der Nationen* kommt Adam Smith auf das sogenannte «Humankapital» zu sprechen. Die Ausbildung sowie die Fähigkeiten, Talente und Kompetenzen der Menschen seien, so Smith, eine Art Kapital. Investiert ein Fabrikant in das Geschick und das Können seiner Angestellten, kann ihm dies genauso viel Gewinn einbringen wie die Anschaffung einer neuen Maschine.

Ein Beispiel: Man schickt seine Angestellten auf eine Fortbildung, damit sie sich mit einer neuen Technologie vertraut machen, und schwups, ehe man sichs versieht, produzieren sie das Doppelte. Das nennt man Investition. Gewiss, die Fortbildung hat etwas gekostet, und die Produktion einen ganzen Vormittag lang unterbrochen zu haben, hat Einbußen mit sich gebracht, doch früher oder später bekommt man alles zurück – und noch mehr. Mit anderen Worten: Menschliche Fähigkeiten sind ein Kapital, in das sich investieren lässt und das wachsen kann, mal mehr, mal weniger.

Als die Chicago-Ökonomen den Begriff «Humankapital» bei Adam Smith entdeckten, machten sie ihn sich zu eigen. Auf welche Weise er die moderne Arbeitsmarktökonomie verändert hat, und ob dies positive oder negative Veränderungen waren, das ist eine ganz andere Diskussion. Foucault wollte darauf hindeuten, dass, wenn der Begriff «Humankapital» in einem so weiten Sinne verwendet wird wie im Neoliberalismus, etwas mit dem Menschenbild der Ökonomie geschieht.

Und das wiederum zieht Konsequenzen mit sich, die weit über die Grenzen der Ökonomie hinausreichen.

«Heute mag es seltsam klingen, aber ich zauderte eine Weile, ehe ich mein Buch *Human Capital* nannte», bemerkte der Chicago-Ökonom Gary Becker in seiner Nobelvorlesung im Jahr 1992. Inzwischen ist sein Buch ein Klassiker. «Damals wurden der Begriff und die ihm zugrunde liegende Analyse oft kritisiert, weil man glaubte, dass der Mensch als Sklave oder Maschine betrachtet werde. Ach, wie sich die Zeiten doch ändern!»

Und das taten sie tatsächlich. Mit dem Begriff «Humankapital» wurde der Mensch in einen Unternehmer verwandelt, der sich selbst vermarktet. Ein Konzept, dass wir heutzutage kaum mehr hinterfragen.

Wenn Sie eine Ausbildung absolvieren, investieren Sie in sich selbst und können auf lange Sicht mit einem höheren Gewinn rechnen. Auch Auslandserfahrungen können Investitionen in Ihr Humankapital sein. Brechen Sie hingegen die Schule ab, nehmen Sie Abstand von einer solchen Investition. Das mindert die zukünftigen Erträge. Ihr Gehalt ist kein Gehalt mehr, sondern ein Kapitalertrag. Ihr Leben wird zum Kleinunternehmen, und das Kapital sind Sie selbst.

Foucault zufolge resultierte aus dem Begriff «Humankapital», dass der ökonomische Mann aufhörte, eine Person zu sein, die auf dem Markt ein- und verkaufte und zum Unternehmer seiner Selbst wurde. Und, wie die Kritiker dieses Ansatzes schlossen, zu einer Maschine.

In der Erzählung des Neoliberalismus kommen keine Arbeiter vor, nur Menschen, die in ihr Humankapital investieren. Unternehmer, die ihr Leben als ein Geschäft betrachten, für dessen Umsatz sie die alleinige Verantwortung tragen. Wer Erfolg hat, hat klug investiert. Wer scheitert, lag daneben.

Mit einem Mal ist die Ökonomie mehr als nur eine Logik unter vielen. Sie ist ein Lebensentwurf. Der Mensch streift durch die Welt, agiert, und die Konsequenzen seiner Handlungen kulminieren in seinem Humankapital.

Die Hauptaufgabe des ökonomischen Mannes besteht nicht länger darin, mit anderen Menschen Dinge zu tauschen, so wie Adam Smith es sich vorgestellt hatte, denn nun ist er eine Maschine, die in sich selbst investiert. Ob man nun eine Bank ausraubt, sein Medizinstudium abbricht oder seine Zähne bleachen lässt – man trifft freie Entscheidungen, die sich, wie jeder andere Geschäftsakt, auf eine Kalkulation über zukünftige Gewinne respektive Verluste stützen. Mehr oder weniger erfolgreiche Investitionen in die eigene Person. Das ökonomische System wird gleichbedeutend mit der menschlichen Natur, und die lässt sich wohl kaum infrage stellen.

Der Konflikt, den Marx beschrieb, verpuffte im Nichts, wenngleich aus anderen Gründen als erwartet. Es sind nicht die Produktionsmittel, die sich verändert haben – sondern die Antwort auf die Frage, was es heißt, ein Mensch zu sein, ist eine andere geworden.

Der Neoliberalismus entschärft den Konflikt zwischen Arbeit und Kapital, indem er gleich den ganzen Menschen in Kapital verwandelt. Das menschliche Leben wird zu einer Reihe von Investitionen in den eigenen Marktwert. Christliche Theologen haben behauptet, man könne eine ganze Menschenschar mit nur einer Brotkruste und einem Fisch satt machen. Wir glauben, dass du dich selbst ernähren kannst. Wir glauben an dich.

Die Welt mag hart sein – doch sie atmet für dich. Es gibt keine Alternative. Und das Universum geht vor die in die Knie.

So gesehen sind alle Menschen gleich: die Frau, dir zum Arbeitsamt geht, und der Mann, der vor dem Flughafen Dhaka auf seine gefälschten Papiere wartet. Beide sind sie Unternehmer ihrer Selbst. Ebenso wie der Geschäftsführer, der sich in seinen bequemen Business-Class-Sitz fallen lässt und die Beine ausstreckt, um sich vor dem Meeting in acht Stunden noch rasch eine Mütze Schlaf zu gönnen. Sie unterscheiden sich in nichts, sind lediglich mehr oder minder geglückte Investitionen in jenes Kapital, das sie selbst sind. Gewiss, sie mögen mit einem unterschiedlichen Startkapital auf die Welt gekommen sein, aber auch daran lässt sich schrauben. «Meine Brustvergrößerung war eine Investition in die Zukunft», flötet das Doku-Soap-Starlet verzückt; unterm Strich ist das Ökonomie in Reinform. Das eigene Leben, übersetzt in Investitionen in den eigenen Marktwert.

Nimmt man diese Perspektive ernst – und sie wird ernst genommen wie keine andere –, hat man unwillkürlich die Definition des Menschseins verändert.

DREIZEHNTES KAPITEL

In dem wir sehen werden, dass die Gebärmutter keine Raumkapsel ist

1965 publizierte der schwedische Fotograf Lennart Nilsson seine bahnbrechenden «Schlüsselloch»-Aufnahmen von Embryonen. Zuerst im *Life*-Magazin, später in seinem Buch *Ein Kind entsteht*.

Seit 1953 hatte Nilsson mit Elektronenmikroskop-Technik experimentiert, insgesamt hatte die Arbeit an seinem Buch rund zwölf Jahre in Anspruch genommen. Die Ausgabe des *Life*-Magazins vom 30. April 1965 versetzte die Welt ins Staunen und verkaufte sich binnen vier Tagen über acht Millionen Mal.

Ein zusammengekauerter Fötus, mit riesigem Kopf und flossenartigen Ärmchen, der in einem wassergefüllten Ballon herumschwebt: Dieses Bild sollte unsere Vorstellung vom Beginn der menschlichen Existenz prägen. Das Baby gleicht einem frei schwebenden Astronauten, sein einziger Kontakt zur Außenwelt ist die Nabelschnur. Seine Mutter existiert nicht. Sie ist ein leerer Raum – und der kleine, bereits selbständige Astronaut begibt sich auf seine Mission. Die Gebärmutter ist nicht mehr als ein Behälter.

Niemand kann sich von dem Ort lösen, wo der Blick seinen Ursprung hat, auch wenn die Linse einer Kamera *Objektiv* heißt. Lennart Nilssons Fotografien sind Schilderungen – keine wahrheitsgetreuen Abbilder der Wirklichkeit. Was wir auf den stark vergrößerten und nachträglich bearbeiteten Bildern erkennen, entspricht nicht der Realität. Die Existenz im Bauch der Mutter ist kein einsames Vor-sich-hin-Schweben in der Schwerelosigkeit. Ganz im Gegenteil: Der Embryo entwächst dem Körper seiner Mutter, wächst in ihr heran und ist in ständigem

Kontakt zu ihr. Dort drinnen ist es eng, es hämmert und pulsiert, und es lässt sich kaum ausmachen, wo die Mutter endet und der Embryo beginnt.

Auf Nilssons Bildern ist von dieser Abhängigkeitsbeziehung nichts zu sehen. Der Embryo ist allein, die Mutter ausradiert – eine Beziehung zwischen Mutter und Kind gibt es nicht: Wir kommen als fertige, autonome Individuen zur Welt.

Das Bild des Lebens, wie Lennart Nilsson es zeichnete, ist fest in unserer kollektiven Fantasie verankert. Irgendetwas müssen wir also daran gefunden haben.

Aber was?

*

Wir haben gelernt, dass unsere Gesellschaften sich auf rationale Verträge und freie Märkte gründen. Hersteller und Konsumenten, Arbeitgeber- und nehmer sind ein und dasselbe Bewusstsein in unterschiedlichen Gestalten, verschiedene Ausdrücke ein und derselben Vernunft, und die Welt ist die unpersönliche Summe ihrer freien Entscheidungen.

In Wirklichkeit ist die Gesellschaft eher eine Art Krieg, geprägt von Ausbeutung, Rassismus und patriarchalischen Strukturen. Die ökonomische Realität funktioniert nach dem Prinzip «Survival of the Fittest»; die Reichen werden noch reicher, und wir anderen parieren. In gewisser Weise sind wir uns dessen bewusst. Und trotzdem träumen wir weiter.

Seit Jahrhunderten ist uns eingebläut worden, die Gründung der Gesellschaft sei ein rationaler Akt gewesen, der bewusste Entschluss, sich zusammenzutun. Wir begaben uns in eine Abhängigkeit zu einander, weil uns aufgegangen war, dass wir von einer kollektiven Struktur profitieren würden.

In unzähligen Variationen ist uns dieser Gründungsmythos geschildert worden, und wie es bei Mythen meistens der Fall ist, ist auch er ein Gedankenspiel. Denn dass es tatsächlich wie folgt zugegangen sein soll, scheint, gelinde gesagt, unwahrscheinlich: Es war einmal, da hockten wir zusammengekauert in unseren Höhlen, ringsherum nichts als Dunkelheit, Kälte und andere zusammengekauerte Gestalten in anderen Höhlen. Es war unmöglich auszumachen, wer Freund, Feind, Mensch oder Mammut war. Bis sich plötzlich ein Schatten aufrichtete und rief: «Hört mir zu! Warum schließen wir uns nicht zu einer Gesellschaft zusammen und helfen uns gegenseitig? Wir könnten Dinge tauschen. Davon werden wir alle profitieren!»

Wohl kaum!

Aber das ist unsere Fantasie von Unabhängigkeit. Und sie ist verführerisch.

Lennart Nilssons berühmte Fotografien sind Variationen über ein Thema. Auf dem Cover des *Life*-Magazins schwebt ein einsamer, kleiner Mensch in etwas, das wie eine transparente Raumkapsel anmutet. Dargestellt wird ein Leben in der Gebärmutter, das von der Gebärmutter völlig unabhängig ist. Der Embryo ist ein autonomes Individuum, der weibliche Körper existiert nicht. Die Mutter ist ein Container, den der Embryo angemietet hat. Rein kommen Spermien, raus kommt ein Kind. Die Schwangerschaft, das ist eine Frau, die neun Monate lang in einem Schaukelstuhl vor dem Fenster sitzt.

Darf ich vorstellen? Das ist deine Mutter. Sie war ein passiver Behälter. Du warst in ihr drin, aber von Anfang an selbständig. Du warst Herr über den leeren Raum, in dem du vor dich hin schwebtest.

Der Embryo auf Nilssons Fotografien nuckelt am Daumen und starrt hinter geschlossenen Augenlidern ins Leere. Er ist umgeben von einem finsteren All, und irgendwo in der Ferne schwebt der Mutterkuchen wie eine Raumstation. Das war ein Schöpfungsmythos über freie Individuen, der ganz vortrefflich in seine Zeit passte. Veröffentlicht wurden die Bilder im Jahr 1965. Lyndon B. Johnson ist gerade Präsident der Vereinigten Staaten. Die USA verstärken ihre Präsenz in Vietnam. Der Tod Winston Churchills erschüttert England, und im britischen Fernsehen fällt zum ersten Mal das Wort «Fuck». In Nilssons Heimatland eröffnet IKEA sein zweites Möbelhaus, und die

Rolling Stones geben ein Konzert in der Königlichen Tennishalle in Stockholm.

In Wahrheit hatte Nilsson für die meisten Bilder tote Embryonen und Föten fotografiert. Das hatte ihm ermöglicht, mit Licht, Hintergründen und verschiedenen Einstellungen zu experimentieren. Heraus kamen fantastische Fotografien. Doch all das, was in Szene gesetzt worden war, um das Leben zu schildern, war in Wirklichkeit tot.

*

Seit mehr als dreißig Jahren wissen wir, dass das Menschenbild der ökonomischen Standardmodelle nicht mit der Realität übereinstimmt. Den ökonomischen Mann gibt es nicht – nicht wirklich. Trotzdem klammern wir uns an ihm fest. Aller Kritik zum Trotz, bleibt er ein Synonym für die Ökonomie, und wir räumen ihm zunehmend Platz in sämtlichen Bereichen unseres Lebens ein.

Was die Forschung sagt, scheint keine Rolle zu spielen. Ganz gleich, wie oft unsere ökonomischen Modelle eine Erschütterung der Weltwirtschaft heraufbeschwören und ein ums andere Mal daran scheitern, die Aufschwünge, Panikattacken und Einbrüche des Markts vorherzusehen. Wir wollen den ökonomischen Mann partout nicht loslassen.

Lieber klauben wir Bruchstücke eines imaginären Universums zusammen, bauen Modelle daraus und glauben, ein hinlänglich korrektes Bild von der Welt gezeichnet zu haben.

Die Hypothesen über den ökonomischen Mann haben sich immer und immer wieder als haltlos erwiesen. Und obgleich Kahneman und Tversky schon vor über dreißig Jahren aufzeigen konnten, dass unsere Entscheidungen ganz und gar nicht objektiv und rational gefällt werden, hat sich im Grunde nichts geändert. Obwohl wir uns im Klaren darüber sind, dass der ökonomische Mann nicht wirklich existiert, lassen wir uns nicht davon abbringen, ihn zum Nabel der Wirtschaftswissenschaften zu machen und seine Logik auf immer weitere Lebensbereiche zu applizieren. 2004 wollte uns das weltweite *Freakonomics*-Phänomen weismachen, dass jeder Bestandteil unserer Existenz mit den Prinzipien des Marktes kongruiert. In den späten 1970er Jahren hätte Foucault es nicht einmal den kühnsten Neoliberalen zugetraut, so weit zu gehen. Der Mainstream-Taschenbuchbestseller hätte ihn eines Besseren belehrt.

Es hat immer Ökonomen gegeben, die den ökonomischen Mann lautstark und schonungslos in die Mangel genommen haben. Dennoch ist er bis heute der Inbegriff der Ökonomie. Er ist es, den wir meinen, wenn wir im Alltag von «ökonomischer Logik» sprechen. Die kritischen Schulen, die sich im Laufe der Zeit herausgebildet haben, werden bestenfalls als Ergänzung betrachtet. Der ökonomische Mann macht sich indes im Zentrum breit, damit sich alle anderen zu ihm verhalten müssen.

Die Schule, die in den letzten Jahren am meisten von sich reden machte, ist die Verhaltensökonomie. Diese hat keine Mühen gescheut, um zu beweisen, dass wir nicht allein an Nutzenmaximierung interessiert sind, dass Gerechtigkeit sehr wohl eine Rolle spielt und unsere Präferenzen sich mit der Zeit ändern können.

Die Verhaltensökonomie hat gezeigt, dass wir Informationen nicht immer korrekt verarbeiten, und Entscheidungen nicht ausschließlich auf der Basis unserer Präferenzen fällen. Das ist ein wichtiger Schritt in die richtige Richtung, vor allem im Vergleich zur Theoriearbeit, die dem ökonomischen Mann zugrunde liegt. Zugleich nimmt die Verhaltensökonomie den ökonomischen Mann weiterhin als Ausgangspunkt. Mithilfe von Experimenten und Studien sollen Ausnahmen von der Regel dokumentiert werden, und trotzdem ist das einsame Individuum noch immer das Ideal und die Prämisse. Die Verhaltensökonomie glaubt, dass es uns schwerfällt, rational zu handeln, und wir deshalb ein wenig Schützenhilfe benötigen. Unterstützung, einen Knuff in die richtige Richtung. Wir sind, schlicht formuliert, keine perfekten ökonomischen Akteure. Darum ist es die Aufgabe des Staats, optimierte Anreizsysteme zu schaffen, damit wir, ausgehend von unseren Präferenzen, korrekt agieren können.

Dies führt zu politischen Maßnahmen, die beispielsweise darauf abzielen, die Menschen zu einem bewussteren Stromkonsum zu motivieren. Dafür werden ihnen Informationen zur Verfügung gestellt, auf deren Basis sie rationale Entscheidungen treffen können, nicht etwa durch Erhöhungen der CO_2-Steuer oder staatliche Investitionen in nachhaltige Technologien und energieeffiziente Städte. Ganz ähnlich soll Adipositas entgegengewirkt werden, indem darüber informiert wird, wie viel Zucker in bestimmten Lebensmitteln enthalten ist und nicht dadurch, dass das Problem an seiner Wurzel gepackt würde, nämlich in der Lebensmittelindustrie.

Natürlich tragen die Verhaltensökonomen keine Schuld daran, dass ihre Theoriearbeit von Politikern oftmals als Schleichweg missbraucht wird, um schwierige Entscheidungen zu umgehen. Trotz allem sind ihre theoretischen Ansätze ein Schritt in die richtige Richtung. Aber daran, dass die Ökonomie noch immer eine Wissenschaft ist, in der es um Entscheidungen geht – und nicht darum, wie eine Gesellschaft überlebt, haushaltet und sich entwickelt –, können sie nichts ändern. Einen ganzheitlichen Blick auf die Gesellschaft und darauf, wie Menschen geschaffen und geformt werden, kann die Verhaltensökonomie nicht liefern. Die Ökonomie ist und bleibt eine Erforschung des Individuums, Abhängigkeitsbeziehungen werden nicht als Konstante des Menschseins betrachtet, und Machtstrukturen werden für ökonomisch irrelevant gehalten.

Mit anderen Worten: Der ökonomische Mann hat sich nicht vom Fleck bewegt.

«Wir sind doch alle nur Menschen», sagen wir gern, wenn wir auf eine universale Gleichheit hindeuten wollen. Auf etwas, das uns verbindet, das unabhängig ist von Gesellschaftsschicht, Geschlecht, Herkunft, Alter, Biografie und persönlichen Erfahrungen. Als wäre das Menschsein von diesen Faktoren losgelöst – und nicht von ihnen *geprägt*. Wir betrachten den Kontext, den

Körper und die Zusammenhänge wie eine Haut, die es abzuschälen gilt, weil sie das Wesentliche verdeckt. Wenn wir darüber sprechen wollen, wie die Dinge wirklich sind, müssen wir sie von der Wirklichkeit abstrahieren – glauben wir.

Doch das Menschsein kann nur durch ein Geschlecht, einen Körper, eine soziale Position, eine Biografie und persönliche Erfahrungen erlebt werden. Eine andere Möglichkeit gibt es nicht.

Und doch glauben wir, diese Tatsache verleugnen und zu einem rationalen Bewusstsein finden zu müssen, das uns allen gemein ist.

«Auch Frauen sind Individuen», sagen wir. Individuum zu sein, ist gleichbedeutend geworden mit Menschsein. Das Individuum ist ein Elementarteilchen des ökonomischen Denkens. Die Ökonomie wurde zur «Wissenschaft des Individuums», und der Begriff «Individuum» bezeichnet das Unteilbare. Das kleinste Bauklötzchen des Ganzen. Wie das Atom in Newtons Physik. Es hieß, wer das Individuum verstünde, der verstünde alles. Doch ein Individuum ist nicht das Gleiche wie ein Mensch.

Das hervorstechendste Merkmal der halben Menschheit ist ihre Unteilbarkeit.

Nicht alle Frauen können Kinder austragen. Nicht alle Frauen wollen Kinder austragen. Doch was den Körper einer Frau von dem eines Mannes unterscheidet, ist die Fähigkeit, dass er Kinder austragen kann. Was bisher ein Mensch war, kann sich teilen und zwei Menschen werden. Auf diese Weise sind wir alle entstanden. Wir werden von anderen geboren, leben von anderen, in anderen und durch andere.

Wir beginnen unser Leben nicht in einem Zustand der Unabhängigkeit, um uns dann der Herausforderung zu stellen, Beziehungen und emotionale Bande zu anderen Menschen aufzubauen. Trotzdem setzen wir, wenn es darum geht, für die Notwendigkeit einer Gesellschaft zu argumentieren, genau hier an: beim autonomen Individuum. Dann zählen wir die Gründe auf, warum es Beziehungen und Abhängigkeitsverhältnisse eingehen sollte:

- Weil es leichter wird, Nahrung zu produzieren.
- Weil es leichter wird, sich vor wilden Tieren zu schützen.
- Weil man glücklicher ist.
- Weil es jemand gibt, der sich um einen kümmert, wenn man krank ist.
- Weil man länger lebt.

Offenbar hat es jede Menge Vorteile, sich mit anderen Menschen zu umgeben! Tja, haben wir eine andere Wahl?

In Wahrheit verläuft der Prozess genau umgekehrt: Wir werden hineingeboren in die Ansprüche und Erwartungen anderer. Kind zu sein, bedeutet, nahezu vollkommen abhängig von anderen Menschen zu sein. Etwas anderes haben wir nie gekannt. Hoffnungen, Ansprüche, Liebe, Neurosen, Traumata, Enttäuschungen und ungelebte Leben – alldem sind wir unweigerlich ausgeliefert. Ein Kind zu versorgen wiederum bedeutet, sich permanent den Bedürfnissen eines anderen Menschen zu widmen, bis das Kind sich aus dieser Beziehung löst, um Schritt für Schritt selbständig zu werden. Die feministische Philosophin Virginia Held formuliert es so: In seinem natürlichen Zustand steht der Mensch in totaler Abhängigkeit zu anderen. Die Herausforderung besteht darin, sich aus dieser Abhängigkeit zu lösen, um die eigene Identität zu finden. Raum für das ureigene Ich zu schaffen, auch wenn man gleichzeitig in einem Zusammenhang begriffen ist.

Versorgt man ein Kind, gilt es, die eigene Identität zu bewahren. Sich nicht komplett von seiner Rolle absorbieren oder dazu verleiten zu lassen, sich ausschließlich darüber zu definieren, von einem anderen Menschen gebraucht zu werden. Das wechselseitige Abhängigkeitsverhältnis in eine gesunde Balance zu bringen, ist die Herausforderung, von der die meisten Menschenleben und Gesellschaften geprägt sind. Jeden Tag, jede Stunde. Dabei entsteht der Großteil der psychischen und emotionalen Wunden, die unser Leben zeichnen. Kein Wunder, dass wir uns hin und wieder zu der Fantasie hinreißen lassen, die Dinge sähen anders aus.

Die Fantasie, allein zu sein. Schwerelos, in einem leeren Raum, mit der Nabelschnur als einzigem Kontakt zur Außenwelt.

Dass der ökonomische Mann nichts mit der Realität zu tun hat, das dürfte inzwischen deutlich geworden sein. Das wissen wir seit vielen Jahren. Das Interessante ist, warum wir uns dennoch so inständig wünschen, es gäbe ihn.

Offenbar weil wir so sein wollen wie er. Weil wir seine Unabhängigkeit, seine Rationalität, sein vorhersehbares Universum begehren. Und nicht zuletzt scheinen wir bereit zu sein, einen hohen Preis dafür zu zahlen.

Aber was haben wir davon, ihn mit solcher Vehemenz gegen die Realität zu verteidigen?

VIERZEHNTES KAPITEL

In dem wir die ungeahnte Tiefgründigkeit und die Ängste des ökonomischen Mannes kennenlernen

Im fünfzehnten und sechzehnten Jahrhundert vollzog sich in den westlichen Ländern ein Sinneswandel, was das Verhältnis zwischen Mensch und Natur betraf. Das bis dato vorherrschende Weltbild, das den Menschen als Teil eines meist weiblichen, lebhaften und launenhaften Kosmos begriffen hatte, wich einer Vorstellung, in der die Männer zu autonomen, objektiven Betrachtern wurden, die die Natur eroberten. Die Natur, die zuvor lebendig, in Bewegung und organisch (bisweilen auf erschreckende Weise) gewesen war, war mit einem Mal passiv, tot und schließlich auch mechanisch.

Der Mann wurde aus der Natur herausgelöst: Er war ein autonomes Individuum, das sich die Welt untertan machte. Die Frau war sein Gegenteil: Ihre Aufgabe war es, ihn an all das zu binden, was er hinter sich gelassen hatte – Abhängigkeit, Natur, Körper, Leben.

Er ist Vernunft, sie ist Gefühl. Er ist Bewusstsein, sie ist Körper. Er ist autonom, sie ist abhängig. Er ist aktiv, sie ist passiv. Er ist egoistisch, sie ist altruistisch. Er ist hart, sie ist weich. Er ist berechnend, sie ist unberechenbar. Er ist rational, sie ist irrational. Er ist isoliert, sie ist mit allem verbunden. Er ist Wissenschaft, sie ist Magie.

Männer erklären uns, es gebe Dinge, für die es sich zu sterben lohnt. Frauen erklären uns, es gebe Dinge, für die es sich zu leben lohnt.

Das ist die Rollenverteilung. Wie beim Standardtanzen. Und natürlich wäre es ganz wunderbar, wenn es nicht mehr wäre als – ein Tanz.

Im Grunde spielt es kaum eine Rolle, wie Frauen und Männer sich tatsächlich verhalten; eingefahrene Vorstellungen, denen wir mehr Beachtung als der Realität schenken, gibt es schließlich noch und nöcher.

Von der Frau wird erwartet, ihre Geschlechterrolle auszufüllen. Das gilt zwar auch für den Mann, aber nicht im selben Ausmaß.

Wenn es heißt, die Geschlechterrollen sollen aufgelöst werden, führt das eher selten dazu, dass Jungs plötzlich pinke Klamotten tragen oder Geschäftsführer sich in Blümchenkleider schmeißen, um «ernst genommen» zu werden. Das wäre ja lächerlich, sagen wir. Hingegen wird von einer Frau, die eine Führungsposition in der Wirtschaft bekleidet, durchaus erwartet, einen dunklen Hosenanzug zu tragen. Erscheint sie im Rüschenkleidchen oder Rock im Büro, werden die Kollegen hinter ihrem Rücken tuscheln. Es wird von ihr erwartet, sich neutral zu kleiden – also maskulin – und sich einer bereits existenten, auf den männlichen Körper zugeschnittenen Struktur anzupassen. Doch *zu* männlich darf sie auch nicht werden. Sie soll immer noch Frau bleiben – eine Frau, die subtil darauf hinweist, dass sie sich in einer Männerdomäne bewegt.

Welch ein Drahtseilakt.

Um unsere Erwartungen an Männer ist es da ganz anders bestellt. Niemand verlangt von Jamie Oliver, sich einer weiblichen Genderrolle anzupassen, nur weil das Kochen traditionell von der Frau übernommen wurde. Im Gegenteil, der TV-Koch Oliver verschafft sich Autorität, indem er seine geballte Männlichkeit zur Schau stellt. Jamie Oliver hackt kein Basilikum, Jamie Oliver stopft das Basilikum in ein Geschirrhandtuch, schleudert es mit voller Wucht gegen den Tisch, stöhnt und bezwingt das Kraut, besiegt es – um es endlich in den Kochtopf zu geben.

Eine Kita, die sich vornimmt, Geschlechterstereotypen entgegenzuwirken, wird sich gegen rosa Ballettkleidchen kleiner Mädchen aussprechen. Na na, wir werden doch wohl kein stereotypes Kleidchen beim Turnen tragen? Doch nicht in einem so progressiven skandinavischen Wohlfahrtsstaat wie dem unseren! Bei uns sollen die Kinder zu freien Individuen erzogen werden, und das bedeutet, dass Mädchen nicht in rosa Tutus herumtollen, und zwar deswegen, weil sie das auf eine Geschlechterrolle reduzieren könnte, in der sie sich womöglich ganz und gar nicht wohlfühlen.

An die Kleidung der Jungs jedoch verschwendet dieselbe wohlmeinende Lehrerin keinen einzigen Gedanken. Ein rosa Tutu ist stereotyp, die nicht minder traditionelle Sportbekleidung der Jungs hingegen gilt als neutral.

Und als neutral wird das Männliche meistens bewertet. Es gehört zum Genderprofil.

Shakespeares Prinz Hamlet verkörpert eine sehr universale Frage: Sein oder Nichtsein. Und Sein heißt, wie er zu sein. Wir alle – auch Frauen – lernen, uns mit ihm zu identifizieren. Hamlets Grübelei wird zu einer genuin menschlichen Erfahrung. Der Mann ist die Norm, und Menschsein heißt Mannsein.

Ein Kind auszutragen, ist keine menschliche Erfahrung, sondern eine weibliche. So haben wir es gelernt. Zwischen der weiblichen und der allgemein menschlichen Erfahrung existiert eine scharfe Trennlinie. Niemand liest Schwangerschaftsbücher, um die menschliche Existenz zu ergründen. Da greifen wir lieber zu Shakespeare oder einem der großen Philosophen, die uns Geschichten davon erzählen, wie die Menschen wie Pilze aus dem Boden schossen, um augenblicklich Gesellschaftsverträge zu schließen.

Nur die Frau hat ein Geschlecht. Der Mann ist menschlich. Nur eines der Geschlechter existiert. Das andere ist eine Variante, eine Spiegelung, eine Ergänzung.

In der Welt der Ökonomie sind wir also rationale, nutzenmaximierende und egoistische Wesen, besitzen also Eigenschaften, die traditionell eher dem Mann zugeschrieben wurden. Darum fassen wir sie als neutrale Eigenschaften auf. Sie sind geschlechtslos – weil der Mann niemals ein Geschlecht hatte. Es gibt nur ein Geschlecht: den ökonomischen Mann. Gleichwohl hat die Theorie stets vorausgesetzt, dass jemand anders für Fürsorge, Nächstenliebe und Abhängigkeit steht, auch wenn diese Dinge unsichtbar sind. Wer in der ökonomischen Erzählung eine Rolle spielen möchte, muss sein wie der ökonomische Mann. Zugleich basiert das, was wir Ökonomie nennen, auf einer anderen Erzählung. Auf allem, was ausgesperrt wird, damit der ökonomische Mann der sein kann, der er ist. Damit er sagen kann, es gebe keine Alternative.

Frauen sind genauso wertvoll wie Männer.
Frauen ergänzen die Männer.
Frauen können alles, was Männer können.

Solche Hypothesen definieren die Frau als eine Variante des Männlichen. Ob sie nun «wie er» oder «sein Gegenteil» ist, stets steht sie in einer Beziehung zu ihm.

Das eine Mal ist sie wertvoll, weil sie *wie* der Mann ist – das andere Mal, weil sie ihn komplettiert. Doch in beiden Fällen steht er im Mittelpunkt.

Im ersten Fall wird ihr zugesprochen, dass sie arbeiten, forschen, ficken, rülpsen, Kriege führen, rational handeln und große Maschinen bedienen kann, ganz genau wie ein Mann. Folglich sollen ihr auch dieselben Rechte und Privilegien zukommen. Doch in dem Augenblick, da sie aufhört, «wie er» zu sein, verliert sie ihren Anspruch auf Gleichstellung.

«Es handelt sich nicht um Diskriminierung, solange schwangere Männer und Frauen gleich behandelt werden», stellte der Oberste Gerichtshof der Vereinigten Staaten 1974 im berühmt gewordenen Präzedenzfall *Geduldig gegen Aiello* fest, in dem es darum ging, ob eine Versicherung schwangere Frauen vom Versicherungsschutz ausschließen durfte. Durfte sie, entschied das Gericht, schließlich würden ja keine Frauen ausgeschlossen, sondern «schwangere Individuen». Dass ebenjene Individuen ausschließlich Frauen waren (wie den meisten Menschen bekannt sein dürfte), schien keine Rolle zu spielen.

Der Frau wird nur dann Zutritt in die ökonomisch und politisch als wichtig erachteten Kategorien gewährt, wenn sie zuvor ihren Körper ablegt. Die Vorstellung, die Frau sei wertvoll, weil sie *wie* der Mann ist, ist eine Art «Entlassung auf Bewährung».

Wenn es aber auf der anderen Seite heißt, die Frau sei wertvoll, weil sie den Mann *komplettiert*, schränkt sie das – soweit dies überhaupt möglich ist – noch mehr ein.

Auch in diesem Fall wird die Weiblichkeit als eine Variation des Männlichen etabliert. Anstatt *wie* er zu sein, wird sie angewiesen, die reizende Hausfrau zu spielen, die der Welt als Gegenpol zum harten Markt dient. Die Gesellschaft besetzt die Frau in einer Rolle, in der sie all die Facetten der menschlichen Erfahrung verkörpert, die der Mann sich selbst nicht eingestehen, aber dennoch erleben möchte: das Weiche, Verletzliche, Körperliche, Emotionale und Natürliche – die geheimnisvolle dunkle Seite des Mondes. Sie wird gezwungen, Körper, Gefühl und Natur zu sein, das Subjektive und Spezifische, und zwar deswegen, weil er es nicht ist. Ihre Biologie, so heißt es, hat sie dazu verurteilt.

In diesem Fall wird sie nicht darüber definiert, was er ist, sondern darüber, was er *nicht* ist.

Doch in beiden Fällen verläuft die Definition über ihn.

Einmal ist es die Aufgabe der Frau zu beweisen, dass sie *wie* der Mann ist, das andere Mal soll sie beweisen, dass sie ihn *komplettiert*. Um sie geht es dabei nicht. Weil es ohnehin nur ein Geschlecht gibt.

Als Richard Gere, in seiner Rolle als einsamer Geschäftsmann in der romantischen Komödie *Pretty Woman*, Julia Roberts in die Oper ausführt, ist er mehr interessiert an ihren Reaktionen auf *La Traviata* als am Geschehen auf der Bühne. Ihn selbst vermag Verdi zwar nicht zum Weinen bringen, doch er kann beobachten, wie sie weint. Er braucht sie, um in Kontakt mit seinem eigenen Gefühlsleben zu treten. Die einzig sichere Strategie für diese emotionale Annäherung ist die Rolle des Beobachters. Durch die Frau an seiner Seite fühlt er sich lebendig. Und schon im nächsten Moment glaubt er, er hätte sich verliebt.

Durch die Eroberung und den Besitz einer Frau wurde es dem Mann möglich, in Kontakt mit den Facetten seiner Selbst zu treten, die er sonst verleugnen musste: Unmündigkeit, Emotion, Zusammenhang, Genuss und Kapitulation. Nichtsdestotrotz ist die Frau ein Mensch – kein Wesen. Und in seinem tiefsten Innern weiß er das auch.

Die schwedische Dichterin Edith Södergran – hier ins Deutsche übertragen von Nelly Sachs – schreibt in einem ihrer Gedichte:

Du suchtest eine Blume
und fandst eine Frucht.
Du suchtest eine Quelle
und fandst ein Meer.
Du suchtest eine Frau
und fandst eine Seele -
du bist enttäuscht.

Da sitzt er, in seinem Büro in einer der obersten Etagen eines Wolkenkratzers. Arbeitet achtzig Stunden in der Woche und trifft ganz und gar objektive und überaus wichtige Entscheidungen, die, wie könnte es anders sein, rein gar nichts mit seiner Person zu tun haben. Sich selbst hat er am frühen Morgen zusammen mit seinem Mantel an den Kleiderhaken gehängt. Das musste er. Er nimmt den Geruch seiner eigenen Krankheit in den Körpern anderer wahr, also vermeidet er sie. Was nicht heißt, er hätte keinen Sex mit ihnen, denn das hat er. Er ist den Frauen verfallen und sucht in ihnen all das, was er sonst verdrängt. Seine Kindheit, seinen Körper, seine Sexualität und noch etwas anderes, das er nicht in Worte zu fassen vermag. Doch was er schließlich findet, ist eine andere Person, die ihm in die Augen sieht, und in ihrem Blick erkennt er dieselbe Angst, die er die ganze Zeit in seinen eigenen Augen wähnte.

Heute zählt jede Charaktereigenschaft, die wir als traditionell männlich bezeichnen, zu jenen Eigenschaften, die ökonomisches Verhalten prägen: Distanz, Rationalität, Objektivität. Der ökonomische Mann weiß, was er will, und begibt sich auf die Jagd, um es sich zu holen. Doch in Wirklichkeit funktionieren nicht einmal Männer so. Trotzdem haben wir diese Eigenschaften nicht nur zu einem Ideal erhoben, sondern gleich zu einem Synonym fürs Menschsein gemacht.

Wir behaupten, dass sich tief im Innern all unsere Handlungen auf ein und dasselbe Bewusstsein reduzieren lassen. Auf das einzige Geschlecht.

Die Eindimensionalität des ökonomischen Mannes wurde oft kritisiert. Es mangele ihm an Tiefe, Gefühlen, Psychologie und Komplexität. Er sei ein schlichter, selbstsüchtiger Taschenrechner. Eine Karikatur. Warum in aller Welt schleppen wir diesen eindimensionalen Pappaufsteller mit uns herum? Ist doch lächerlich. Was hat er mit uns zu tun?

Doch dabei haben die Kritiker etwas Wesentliches übersehen. Gewiss, er ist nicht wie wir, doch er hat sehr wohl Gefühle, Tiefe, Ängste und Träume, mit denen wir uns sehr stark identifizieren können.

Der ökonomische Mann muss mehr sein als nur ein Pappaufsteller, ein 08/15-Psychopath oder eine willkürliche Halluzination. Warum sonst würden wir uns von ihm verführen lassen? Warum sonst sind wir so scharf darauf, unsere gesamte Existenz mit seinem Weltbild zu verschmelzen, obwohl allerhand Forschung beweist, dass dieses Verhaltensmodell mit der Wirklichkeit rein gar nichts zu tun hat?

Die Inständigkeit, mit der wir unsere Existenz an diese Fantasie anzupassen suchen, sagt etwas darüber aus, wer wir sind und wovor wir uns fürchten. Doch das wollen wir uns nicht eingestehen. Dass das Verhalten des ökonomischen Mannes nahezu karikaturesk einfach gestrickt ist, heißt nicht, dass er nicht aus tiefen inneren Konflikten heraufbeschworen worden ist.

Es heißt, seine Identität sei von anderen Menschen unabhängig. Kein Mensch ist eine Insel, möchten wir entgegnen und finden die völlige Unabhängigkeit des ökonomischen Mannes geradezu lächerlich. Aber dann haben wir seine Natur noch nicht erfasst. Eine menschliche Identität lässt sich nur im Verhältnis zu anderen Menschen konstruieren. Das gilt auch für den ökonomischen Mann – ob er will oder nicht.

Und weil seine Identität vor allem über Konkurrenz definiert wird, steht sie in einer vollständigen Abhängigkeitsbeziehung. Der ökonomische Mann ist unweigerlich mit anderen verbunden, nahezu an sie gekettet.

In einem ständigen Wettbewerb.

Ohne Konkurrenz ist der ökonomische Mann ein niemand, und um überhaupt in Konkurrenz treten zu können, braucht er andere Menschen. Er lebt nicht in einer Welt ohne soziale Beziehungen. Er lebt nicht in einer Welt, in der alle Beziehungen auf Konkurrenz reduziert sind. Er ist aggressiv und narzisstisch, in einem ständigen Konflikt mit sich selbst, der Natur und anderen Menschen begriffen. Er glaubt, nur Konflikte könnten die Dinge in Bewegung setzen. Und er will Bewegung. Bewegung ohne Risiko. Prüfungen, Qualen und eine innige Sehnsucht – das ist sein Leben.

Er ist ein Mann auf der Flucht.

*

Die Differenz zwischen der totalen Produktion einer Ehe und der Summe der jeweiligen Produktion zweier nicht miteinander verheirateter Personen entspricht dem Gewinn der Ehe. Dieser lässt sich (in manchen Fällen) messen am vertikalen Abstand zwischen der stets elastischen Nachfragekurve für Ehefrauen und der Angebotskurve für selbige. Liebestheorie auf ökonomische Art. Unsere Fantasien schreien nach Unabhängigkeit, und doch träumen wir krampfhaft von Kontrolle.

Wir nehmen an, dass ein MI (ein männliches *Ich*) ein WS (ein weibliches *Sie*) liebt, wenn ihr Wohlergehen seiner Nutzenfunktion zuträglich ist, oder aber wenn das MI den emotionalen und körperlichen Kontakt zum WS schätzt. Es stellt sich heraus, dass das MI von einer Partnerschaft mit dem WS profitieren würde, denn wären sie zusammen, könnte er einen größeren Einfluss auf ihr Wohlergehen nehmen (neckisch an ihrem Nacken knabbern, eine Konservendose vom obersten Küchenregal, an das sie nicht herankommt, holen und sie nachts fest in den Armen halten), und das wäre auch seiner eigenen Nutzenfunktion dienlich. Zudem ließen sich die Waren, die dem «Kontakt» mit WS entsprechen, innerhalb einer Partnerschaft kostengünstiger produzieren, als wenn MI und WS allein lebten. Sogar wenn WS für MI keine Liebe empfände, würde WS von einer Beziehung profitieren. Weil er sie liebt, fließt ihr Wohlergehen in seine Nutzenfunktion ein, weswegen er ihr voraussichtlich Ressourcen übertragen wird, die wiederum ihren Nutzen maximieren – obwohl sie seine Liebe nicht erwidert.

Die Ökonomen betrachten eine Partnerschaft als rationale Kalkulation zweier autonomer Individuen und entledigen sich damit jeglicher Faktoren, die eine Liebesbeziehung für gewöhnlich ausmachen. Anschließend behaupten sie, sie hätten das große Rätsel gelöst. Rationale Lösungen eines irrationalen Problems. Ein Chaos spezifischer Ideen. Nicht einmal vor unseren Liebensbeziehungen macht die distanzierte und rationale Logik des Marktes Halt. Egal ob Frau und Mann – alle werden zum ökonomischen Mann. Stets haben wir den Überblick, wahren Distanz und stehen ein Stück abseits von uns selbst. Genießen totale Kontrolle und totale Sicherheit.

Kein Mann auf der Welt kann dem ökonomischen Mann das Wasser reichen, wenn es ums Verführen geht. Der ökonomische Mann befreit uns von den Dingen, die wir fürchten: Körper, Gefühle, Unmündigkeit, Angst und Schwäche. All diese Dinge haben in seiner Welt nichts zu suchen. Unsere Körper werden zu Humankapital, Abhängigkeitsverhältnisse existieren nicht, und die Welt ist durch und durch vorhersehbar.

Es gibt keine Ungleichheit, keine Schwäche, nichts, wovor man sich fürchten müsste.

Und deshalb klammern wir uns an ihm fest. Er hilft uns, unseren Ängsten zu entfliehen.

Der ökonomische Mann verwandelt die Gefühle des Menschen in Präferenzen. Dadurch werden sie zu unpersönlichen Begierden, Bestellungen von einer Speisekarte, die einem vielleicht serviert werden, vielleicht aber auch nicht. Kommt ganz darauf an, ob man sich durchzusetzen weiß.

Gefühle sind kein Teil des Menschen, sondern etwas, das sich sortieren, ordnen, stapeln und arrangieren lässt. Zumindest in der Welt des ökonomischen Mannes. Wut kann einem beim Verhandeln nutzen, einen Orgasmus täuscht man vor, weil das zum rationalen Akt des «Signalling» gehört. Liebe ist, wenn das Wohlergehen eines anderen zur eigenen Nutzenfunktion beiträgt: Das wiederum mindert die Konflikte und zugleich auch die Kosten der Partnerschafen, in denen wir beschließen, Kinder zu produzieren und großzuziehen. Die eigenen Gefühle bleiben außen vor. Jedenfalls solange, wie man die Welt des ökonomischen Mannes nicht verlässt. Und seine Welt hat durchaus Charme, denn so mancherlei Unannehmlichkeiten lassen sich dort umgehen.

In dem Moment, da die Gefühle zu Präferenzen werden, löst der Körper sich auf. Der ökonomische Mann verwandelt ihn in Humankapital. Er ist nicht länger ein Teil des Menschen, sondern etwas, das man besitzt. Ein Kapital, mit dem sich spekulieren lässt.

Die ökonomischen Theorien trennen uns von unserem Körper. Wir können ihn vermieten oder verkaufen wie eine beliebige Immobilie, ihn modellieren, in ihn investieren, um ihn irgendwann sterben zu lassen. Dein Körper gehört dir, er ist dein Kapital – so sieht's aus.

Folglich sind wir *trotz* und nicht *aufgrund* unserer Körper menschlich. An seinen Körper erinnert zu werden, heißt, an die Hilflosigkeit, an die unbedingte Abhängigkeit, die einen Teil der menschlichen Existenz ausmachen, erinnert zu werden. Daran, dass der Körper aus einem anderen Körper geboren wird und als schrumpeliges Neugeborenes seiner Umwelt schutzlos ausgeliefert ist. Ein menschlicher Körper, der stirbt, wenn er nicht geliebt wird. Der alles erwartet und alles braucht. Der durch Krankheit in die Abhängigkeit zurückgeworfen wird, der altert und stirbt.

In der Welt des ökonomischen Mannes ist der Tod ein geschäftlicher Schritt: Dicht machen oder weitermachen? Ist der Nutzen, den ich durchs Weiterleben erfahre, größer als mein Schmerz? Das ist die entscheidende Frage – mehr gibt es nicht zu überlegen. Der Tod hat keine Bedeutung. Das Leben auch nicht. Das Ziel ist, eine Welt ohne Ziele zu schaffen. Und das geht mit Schmerzen einher.

Wenn wir unseren Körper in Humankapital verwandeln, verflüchtigen sich die politischen Konsequenzen, die er bewirken könnte. Hände, die etwas tragen, Beine, die sich fortbewegen, Finger, die auf etwas deuten, Fußböden, die geschrubbt werden, hungrige Mäuler, die gestopft werden – die Ökonomie gründet sich auf den menschlichen Körper.

Nähme man den Körper als Ursprungsort der Ökonomie ernst, zöge das weitreichende Folgen mit sich. Eine auf den gemeinsamen Bedürfnissen menschlicher Körper basierende Gesellschaft würde sich von der Gesellschaft, wie wir sie heute kennen, markant unterscheiden.

Hunger, Kälte, Krankheiten, unzulängliche Krankenpflege und Nahrungsmangel wären zentrale Problematiken der Ökonomie und nicht das, was sie heute sind: bedauerliche Nebenwirkungen eines Systems, zu dem es ja doch keine Alternative gibt.

Unsere ökonomischen Theorien sträuben sich, die Realität des Körpers zu akzeptieren und versuchen, ihr mit allen erdenklichen Mitteln zu entfliehen. Der Tatsache, dass Menschen klein sind, wenn sie geboren werden, zerbrechlich, wenn sie sterben, dass sie bei einer Verletzung anfangen zu bluten, ganz gleich, wer man ist, woher man kommt, was man verdient und wo man wohnt. In unseren Körpern nimmt das seinen Ursprung, was uns gemein ist. Wir zittern, wenn uns kalt ist, schwitzen, wenn wir rennen, schreien, wenn wir einen Orgasmus haben oder ein Kind gebären. Durch unsere Körper nähern wir uns einander an. Und aus genau diesem Grund löscht der ökonomische Mann ihn aus und versucht uns weiszumachen, es gäbe ihn nicht. Wir betrachten ihn von außen, wie fremdes Kapital.

Und dabei sind wir allein.

Neben Körper und Gefühl flieht der Mann auch vor Abhängigkeit, und natürlich besteht hier ein Zusammenhang. Abhängigkeit drückt sich häufig durch den Körper aus. Der ökonomische Mann *braucht* nicht, der ökonomische Mann will *haben*. Solange wir sind wie er, müssen wir uns niemals hilflos fühlen oder um etwas bitten. Wir ersparen uns das Gefühl, etwas nicht zu verdienen oder Rechenschaft ablegen zu müssen: Müssen uns nicht davor scheuen, etwas anzunehmen, das wir nicht zurückzahlen können?

In der Welt des ökonomischen Mannes tritt all das außer Kraft. Alle Rechnungen sind beglichen. Das ist sein Konzept von Freiheit, denn ein anderes gibt sein Vorstellungsvermögen nicht her.

Er hat es selbst erfunden.

Der ökonomische Mann ist eine Flucht vor der Unsicherheit. In seiner Welt gibt es nichts, das sich nicht kalkulieren ließe. Alles ist vorhersehbar. Das Volumen eines Balls lässt sich berechnen, indem man seine Oberfläche in immer kleinere Rechtecke teilt. So wie das Leben. Die Bewegungen der Menschenmenge und die Kräfte, die sie verursachen. Alles bewegt sich im Rhythmus abstrakter Gesetze. Der ökonomische Mann ist eine Flucht vor der Schwäche. Wir sind Herr über ein Universum, das jedem noch so zaghaften Fingerzeig gehorcht. In der Erzählung der Ökonomie scheint dies die einzige Aufgabe der Welt zu sein. Der Markt tut stets, wie ihm geheißen, straft den, der es verdient, und kriecht vor dem zu Kreuze, der es wert ist.

Die Erzählung vom ökonomischen Mann spinnt den Mythos

vom Mensch als allwissendes, rationales Subjekt weiter. Er ist Herr über sein Leben und Herr über die Welt. Sobald wir die Bühne der Ökonomie betreten, schlüpfen wir in dieses Kostüm, und schütteln alles andere ab: Geschlecht, Hintergrund, Biografie, Körper und Zusammenhang. Der ökonomische Mann ist eine Flucht vor der Ungleichheit. Wir verwandeln uns nicht nur in ein einziges Geschlecht, sondern sogar in ein und dieselbe Person. Kein Wunder, dass wir so leicht zu durchschauen sind.

Der ökonomische Mann ist kein Pappaufsteller, keine Karikatur und ganz gewiss nicht einfach gestrickt. Er ist ein Symptom jener Facetten der Realität, die er auszumerzen sucht: Körper, Gefühle, Abhängigkeit, Unsicherheit, Schwäche. Jene Facetten, die die Menschheit seit Jahrtausenden mit der Frau assoziiert. Damit er behaupten kann, es gäbe sie nicht.

Und warum? Weil er nicht mit ihnen umzugehen weiß.

Er flieht, steht Ängste aus, und wir identifizieren uns mit der schwindelerregenden psychologischen Tiefe seiner Ängste und lassen uns von ihm verführen.

Die Ökonomische Theorie wird zum Versteck. Ein Ort, an dem die Gesellschaft Geschichten von sich selbst erzählt. Von Dingen, die wir begehren, und Dingen, die wir einfach so hinnehmen.

Das einzige Geschlecht. Die einzige Alternative. Die einzige Welt.

FÜNFZEHNTES KAPITEL

In dem wir sehen werden, dass die große Erzählung unserer Zeit nur ein Geschlecht hat

In einem ihrer Gedichte entwirft die Dichterin Muriel Rukeyser eine Fortsetzung des griechischen Mythos um König Ödipus.

Viele Jahre nachdem er aus Versehen seinen Vater getötet, seine eigene Mutter geheiratet und sich vor lauter Scham die Augen ausgestochen hatte, begegnete Ödipus abermals der Sphinx, deren berühmtes Rätsel er einst entschlüsselt hatte.

«Du hast damals die falsche Antwort auf mein Rätsel gegeben», sprach die Sphinx. «Deshalb mussten die Dinge so kommen, wie sie kamen.»

«Was meinst du?», wollte der gebrechliche und blinde Ödipus wissen. «Natürlich habe ich dir die rechte Antwort gegeben. Ich war überhaupt der Erste, der dein Rätsel jemals lösen konnte – das war doch überhaupt die Pointe der Geschichte.»

«O nein», entgegnete die Sphinx, «als ich dich fragte, welches Geschöpf am Morgen vierfüßig, am Mittag zweifüßig und am Abend dreifüßig ist, gabst du zur Antwort, es sei der Mensch. Am Morgen seines Lebens krieche er auf allen vieren, als Erwachsener gehe er auf zwei Beinen und am Lebensabend brauche er einen Stock. Doch von Frauen hast du nichts gesagt.»

«Aber», protestierte Ödipus, «wenn man Menschen sagt, sind die Frauen doch eingeschlossen. Das weiß doch jeder.»

«Glaubst du», antwortete die Sphinx.

*

Die westliche Kultur ist durchdrungen von Dichotomien: Körper oder Seele, Vernunft oder Gefühl, Kultur oder Natur, objektiv oder subjektiv, universal oder spezifisch? Kurz gefasst: Mann oder Frau? All das, was der ökonomische Mann per Definition nicht ist, sind Facetten der menschlichen Existenz, die traditionell der Frau zugeschrieben werden.

Körper, Gefühl, Abhängigkeit und Schwäche.

In einer einzigen Person haben wir all jene Eigenschaften versammelt, die wir seit jeher als «männlich» kategorisieren. Ökonomen behaupten, es handele sich dabei um einen Zufall, so sehe der ökonomische Mann nun einmal aus. Und außerdem könnten wir doch auch Frauen in das Modell einfügen, wenn es uns beliebt, schließlich lassen sich alle Menschen auf sein abstraktes, rational-ökonomisches Bewusstsein abstrahieren. Unabhängig von Geschlecht, Rasse, Kultur, Alter und sozialer Stellung.

Wenn das nicht Gleichheit par excellence ist?

In Wahrheit ist der ökonomische Mann eine höchst effektive Strategie, um Frauen auszuschließen. Der Frau werden gewisse Arbeitsaufgaben zugeteilt, mit der Begründung, sie müsse diese ausführen, weil sie eine Frau ist. Daraufhin entwickeln wir eine ökonomische Theorie, die diesen Aufgaben keinerlei ökonomische Bedeutung beimisst. Wir weisen die Frau an, bestimmte Antriebskräfte zu verkörpern, damit die patriarchalische Gesellschaft funktioniert: Fürsorge, Einfühlungsvermögen, Nächstenliebe und Empathie. Dann entwickeln wir eine ökonomische Theorie, die besagt, dass selbige Antriebskräfte, ökonomisch betrachtet, völlig belanglos sind, und wir behaupten, Ökonomie sei überhaupt das Einzige, was wirklich zähle.

Die ökonomische Theorie wird der Gesellschaft als eine Universallogik übergestülpt, doch die als weiblich codierten Eigenschaften existieren natürlich weiterhin – ansonsten zerfiele die Gesamtheit.

Allerdings haben wir eine ökonomische Sprache geschaffen, in der sich unmöglich über die Gesamtheit sprechen lässt.

Das Einzige, worüber wir uns unterhalten können, ist der ökonomische Mann. Möchten wir auf Adam Smiths Mutter zu sprechen kommen, müssen wir sie erst in den ökonomischen

Mann verwandeln. Wenn wir uns über Kunst austauschen wollen, müssen wir die Skulpturen, Bilder, ja sogar die Gefühle, die sie in uns wecken, zu Waren auf einem Markt machen. Und wollen wir unsere Beziehungen diskutieren, müssen wir sie als Wettbewerbsverhältnisse betrachten.

Und was nicht in die Modelle passt, tja, das kann selbst zusehen, wo es bleibt.

Die charakteristischste Eigenschaft des ökonomischen Mannes ist die, dass er keine Frau ist. Die Ökonomie hat nur ein Geschlecht. Die Frau muss sich entscheiden: Entweder sie versucht, wie er zu sein, oder sie verkörpert sein Gegenteil, um seine knallharte Logik der Rationalität und des Eigeninteresses zu komplettieren und ins Gleichgewicht zu bringen. Dieses Schicksal hat sie selbst gewählt, denn alles, was wir tun, ist die Konsequenz freier Entscheidungen.

Der springende Punkt ist nicht, was eine Theorie über Frauen aussagt, sondern was sie überhaupt über Frauen aussagen *kann*.

Dieser Tage behaupten die ökonomischen Standardtheorien, ökonomische Effekte seien vom Geschlecht unabhängig. Gewiss, ausgedrückt in abstrakter Mathematik scheinen sie auf den ersten Blick geschlechtsneutral zu sein. Trotzdem ändert die Behauptung, das Geschlecht habe keine Bedeutung, nichts daran, dass Menschen aufgrund ihres Geschlechts völlig unterschiedliche strukturelle Beziehungen zu Produktion, Reproduktion und Konsum innerhalb einer Gesellschaft haben.

Frauen haben einen erschwerten Zugang zu Bildung und Technik, zu sauberem Wasser, Krankenversorgung, Krediten, Finanzmärkten und Darlehen. Sie haben es schwerer, eine Firma zu gründen, arbeiten unter schlechteren Bedingungen und für niedrigere Gehälter, in unsicheren Beschäftigungsverhältnissen. Sie sind sich ihrer Rechte weniger bewusst und schlechter über die Gesetzeslage informiert.

In einer Welt, in der rund 70 Prozent der ärmsten Menschen weiblich sind, und Frauen in der neuen globalen Superelite, die sich in der oberen Stratosphäre der Weltwirtschaft herausgebildet hat, im Prinzip nicht existieren, spielt das Geschlecht offenkundig sehr wohl eine Rolle. Zumal diese Elite zunehmend mehr Einfluss auf wirtschaftliche und politische Strukturen ausübt.

Das Geschlecht spielt eine Rolle. In einer Welt, in der Frauen weniger verdienen, unter schlechteren Bedingungen arbeiten und den Großteil unbezahlter Arbeiten verrichten, von denen dann behauptet wird, sie hätten mit Wachstum nichts zu tun und in der ökonomischen Statistik nichts verloren.

Das Geschlecht spielt eine Rolle. In einer Welt, in der Frauen von Normen, Kultur und Wertevorstellungen unterdrückt werden, nur weil sie Frauen sind, derweil die Wirtschaftswissenschaften behaupten, dass Normen, Kultur und Wertevorstellungen ökonomisch irrelevant seien und die Ökonomie völlig frei von all diesen Dingen sei. Der neutrale Inbegriff der wahren Natur des Menschen.

Um nur einige wenige Gründe aufzuzählen.

Dass Männer und Frauen in der Wirtschaft unterschiedliche strukturelle Positionen innehaben, hat zur Folge, dass die ökonomische Politik sich unterschiedlich auf Männer und Frauen auswirkt. Eine Ökonomie, die auf diesem Auge blind ist, vermag diese Unterschiede nicht korrekt zu messen, geschweige denn mit ihnen aufzuräumen.

Eines der zahlreichen Probleme des Patriarchats liegt darin begründet, dass es zu inkorrekten ökonomischen Messungen führt. Und wie wir alle wissen, spielt die Größe sehr wohl eine Rolle.

Wer glaubt, der Markt löse ohnehin alle Probleme von selbst, der braucht keine Statistik und kann sich damit begnügen, die ökonomischen Modelle wie ein beeindruckendes Kunstwerk zu bestaunen: mathematische Darstellungen eines Mythos, auf den wir mächtig abfahren. Wer hingegen mit der Ökonomie soziale Ziele zu verfolgen gedenkt, muss verstehen, wie sie funktioniert. Gesetzt den Fall, man möchte sich einen realistischen Überblick über den Markt verschaffen, kann man beispielsweise nicht einfach außer Acht lassen, was die Hälfte der Menschheit tagtäglich treibt.

Solange die unbezahlte Arbeit der Frauen in den ökonomischen Modellen keine Berücksichtigung findet, werden wir nicht begreifen, inwiefern sie mit Armut und Geschlechterungleichheit verknüpft ist.

Genauso wenig wird man verstehen, weshalb sich ein Land auf eine bestimmte Weise entwickelt, wenn in der Analyse sämtliche Antriebskräfte ignoriert werden, bis auf Eigeninteresse, Gier und Angst.

Die ökonomische Theorie vermittelt uns ein Weltbild, das von sich behauptet, es könne die Probleme eines Landes diagnostizieren, Bedingungen für die öffentliche Debatte formulieren und die Zukunft des Landes vorhersagen, um ihm dann Medikamente zu verschreiben, die es kurieren werden.

Sie glaubt nämlich, die wahre Natur des Menschen zu kennen. Wenn die Ökonomie eine entscheidende Rolle in der Lösung der Probleme auf der Welt spielen soll, muss sie damit aufhören, eine männliche Fantasiewelt anzuhimmeln, in der nur ein Geschlecht existiert.

Ökonomen glauben, es sei an ihnen, die Gesellschaft mit dem nötigen Wissen für die Steuerung des ökonomischen Systems zu versorgen. Doch die Vorgänger der zeitgenössischen Ökonomen waren nicht etwa Wissenschaftler wie Albert Einstein oder Isaac Newton, sondern eher Theologen wie Thomas von Aquin oder Martin Luther, bemerkt Robert H. Nelson in seinem Buch *Economics as Religion*. Laut Nelson, seines Zeichens selbst Ökonom, waren die frühen Ökonomen eine Art moderne Priesterschaft, die den Glauben in die Welt trugen, wirtschaftlicher Erfolg sei der Weg zur Erlösung.

Die Begründer der Ökonomie beschrieben ihr Forschungsfeld mit einem, gelinde gesagt, «messianischen» Vokabular. Das Böse in der Welt, der Schmerz und auch der Tod waren vor allem eine Folge der materiellen Knappheit, glaubte man. Wir stahlen, weil wir Hunger litten, litten, weil wir nicht genug Geld hatten, und nicht selten starben wir, weil es uns an überlebenswichtigen Ressourcen fehlte.

Die ökonomische Forschung ging davon aus, dass korrekt formulierte, korrekt gelebte und korrekt applizierte Gesellschaftsregeln den einzigen Ausweg aus diesem Zustand boten. Daher betrachteten sie es als ihre Aufgabe, ebendiese Prinzipien zu verbreiten und die Welt zu erlösen. Inzwischen wissen wir, dass es sich nicht ganz so einfach verhält:

Der Mensch kann nicht nur an Nahrungs- oder Wassermangel sterben – sondern auch an Einsamkeit.

Ein Baby, das nie hochgenommen und nie gestreichelt wird, wird nicht überleben. Selbst dann, wenn seine materiellen Bedürfnisse gestillt sind.

Auch reiche Menschen können stehlen. Fragen Sie mal den Wall-Street-Betrüger Bernard Madoff!

Ist erst ein gewisses Niveau überschritten, steigert Wirtschaftswachstum nicht zwangsläufig das Wohlbefinden einer menschlichen Gesellschaft.

Doch all das findet Robert H. Nelson völlig unproblematisch, genauso wie die Unfähigkeit der modernen Ökonomie, die Wirklichkeit zutreffend zu beschreiben. Gewiss, der ökonomische Mann mag ein Mythos sein, meint Nelson, doch er sei ein nützlicher Mythos, da er uns dabei helfe, uns auf das Wesentliche zu konzentrieren.

Der religiöse Glaube an die Wirtschaftswissenschaften erfülle eine wichtige ökonomische Funktion. Ganz gleich, ob die Theorien über den Markt und den Menschen zutreffen oder nicht, so legitimieren sie die Gesellschaft und geben ihr Werte an die Hand, die für wirtschaftliches Wachstum unabdingbar sind.

Nelson blickt zurück auf seine Zeit als politischer Ratgeber und beschreibt seine Rolle: Sie bestand darin, die Entscheidungsträger dazu zu bringen, ihre Entschlüsse auf der Basis ökonomischer Werte zu fällen. Und zwar deswegen, weil er der festen Überzeugung war, dass er der Gesellschaft damit am meisten diente. Und das glaubt er bis heute. So wie die meisten Missionare.

Ganz gleich, ob Gott existiert oder nicht, so haben viele

Priester Gutes in der Welt getan. Freilich mögen die ökonomischen Theorien hin und wieder daneben liegen, wenn sie die Welt und den Mensch zu beschreiben suchen, meint Nelson, und trotzdem hätten ihre Analysen viel Gutes für die Gesellschaft bewirkt und den Grundstein für den Fortschritt der letzten zweihundert Jahre gelegt.

Unsere westliche Sichtweise, dass Religion der Wahrheit entsprechen müsse, damit man an sie glauben kann, sei eben nur eine Sichtweise, schreibt er. Ob es sinnvoll ist, eine Religion zu leben, müsse nicht davon abhängig gemacht werden, wie wahr sie ist – es gehe vor allem darum, welche Welt sie hervorbringt.

Inzwischen sei die ökonomische Forschung zur dominierenden Religion der westlichen Welt geworden. Solange wir damit fortfahren, an die Kraft der Ökonomie zu glauben, werde es eine stete Nachfrage an einer Priesterschaft geben, die nützliche religiöse Deutungen und Symboliken produziert.

Und gleichwohl es den Ökonomen eher mäßig gelingt, uns zu erklären, wie die Ökonomie tatsächlich funktioniert, so sei das fiktive Marktbild, das sie zeichnen, ein Kunstwerk, zu dessen Bewunderung wir allen Grund hätten. Auch hätten sie uns eine Sprache gegeben, mit der wir ökonomische Fragen diskutieren können. Eine Meisterleistung, so Nelson.

Und womöglich hat er Recht. Religion hin oder her: Ganz gleich, wie kompliziert die mathematischen Modelle auch sein mögen, deren sich die Ökonomie bedient, so schwingen stets bestimmte Werte mit. Angereichert mit Fakten, moralischen Hypothesen und Dogmen bilden sie das, was wir heute als ökonomische Logik bezeichnen. Freilich haben die von Ökonomen zusammengestellten und analysierten Daten zu Phänomenen wie Inflation oder Arbeitslosigkeit dazu beigetragen, dass die Gesellschaft sich auf so außerordentliche Weise hat entwickeln können. Doch die ökonomische Forschung trachtete nach Höherem.

Sie wollte so viel mehr sein, und irgendwo auf dem Weg lief etwas schief.

Es gibt keine genuin ökonomische Kirche, keine geweihten

Hohepriester, keine offiziellen Beschlüsse darüber, welche Schriften als heilig gelten – nicht einmal eine verbindliche Definition dessen, was ökonomische Theorie eigentlich ist. Trotzdem ist die Idee, dass die Marktlogik ein Bestandteil der menschlichen Natur ist, so sehr in unserer Vorstellung verankert, dass wir tagtäglich mit ihr leben. Immer tiefer ist sie in unsere Kultur eingedrungen. Ein ums andere Mal werden wir dazu aufgefordert, uns an ihr zu orientieren, und sie auf immer mehr Lebensbereiche zu übertragen. Deshalb ist die Diskussion um den ökonomischen Mann eine Frage, die jeden von uns angeht. Es geht um mehr als nur darum, wie die Ökonomie sich ein Fundament errichten kann, das der Wirklichkeit tatsächlich nachempfunden ist, um sich selbst davor zu schützen, den Zusammenbruch der Weltwirtschaft heraufzubeschwören. Um ihr Gesicht zu wahren und sich weiterzuentwickeln.

Die Logik des Marktes ist eine hervorragende Stütze, wenn es darum geht, welcher Lippenstift produziert werden soll, für wen, in welcher Farbe und zu welchem Preis. Doch wie schon der amerikanische Satiriker H.L. Mencken bemerkte: Dass eine Rose lieblicher duftet als Kohl, bedeutet nicht, dass sie eine schmackhaftere Suppe abgibt. Auch wenn die Marktlogik auf einigen Gebieten bestens funktionieren mag, so muss sie deshalb noch lange nicht auf sämtliche Lebensbereiche appliziert werden. Doch unglücklicherweise ist genau das über Jahrzehnte hinweg das Projekt der Ökonomie gewesen.

Was wir heute als ökonomische Theorie bezeichnen, ist die formalisierte Version des Weltbildes, das unsere Gesellschaft dominiert. Die große Geschichte unserer Zeit: Wer sind wir? Warum sind wir hier? Was bestimmt unser Handeln?

Und was den Helden unserer Geschichte betrifft, den ökonomischen Mann: Er ist vor allem eins – keine Frau!

SECHZEHNTES KAPITEL

In dem wir sehen werden, dass jede Gesellschaft proportional zu ihrem eigenen Gesülze leidet. Und wir sagen: Leb wohl!

Es mag etwas eigentümlich anmuten, dass die bis dato längste Indoor-Skipiste der Welt sich ausgerechnet in den Vereinigten Arabischen Emiraten befindet, am Persischen Golf, auf dem fünfundzwanzigsten Breitengrad, wo die Außentemperaturen in den trockenen, windigen Sommermonaten um die vierzig Grad liegen und im Winter auf dreiundzwanzig Grad abfallen.

Die Skihalle hat an sieben Tagen die Woche mindestens zwölf Stunden geöffnet und umfasst eine Gesamtfläche von rund 22500 Quadratmetern. Sechstausend Tonnen Schnee verteilen sich auf fünf Pisten. Die bisher längste ist über vierhundert Meter lang, bei einem Höhenunterschied von rund sechzig Metern. Damit ist sie die einzige schwarze Indoor-Piste auf der Welt.

Der Unterschied zwischen Außen- und Innentemperatur beträgt im Durschnitt zweiunddreißig Grad. Wie viel Energie erforderlich ist, um die Skihalle zu kühlen? Fragen Sie lieber nicht! Und dennoch halten wir so etwas für rational, wenn wir denn überhaupt darüber nachdenken. Eine Skipiste mitten in der Wüste? Warum nicht, wenn die Leute dafür bezahlen? Das ist die alles entscheidende Frage.

Ist Ökonomie gerecht? Verbessert sie die Lebensqualität? Verschwendet sie menschliche Kapazität? Schafft sie ausreichend Sicherheit? Geht sie leichtsinnig mit natürlichen Ressourcen um? Schafft sie genügend Möglichkeiten für sinnvolle Arbeit? Keine dieser Fragen findet Platz in den vorherrschenden ökonomischen Theorien.

Wer die Ökonomie infrage stellt, bezweifelt zugleich seine eigene Natur, was einer persönlichen Beleidigung gleichkäme. Also verkneift man sich die Frage lieber.

Die heutige Ökonomie regt zwar den Appetit an, serviert aber keine Lösungen. Der Westen schlägt sich den Bauch voll, während andere Hunger leiden. Die Reichen wandeln umher wie Götter in ihren eigenen Albträumen – wenn sie nicht gerade in der Wüste Ski fahren (wobei man dafür noch nicht einmal besonders reich sein muss). Die Bäuche derer, die einst Hunger litten und plötzlich Zugang zu Pommes Frites, Coca Cola, Transfetten und raffiniertem Zucker haben, blähen sich am meisten auf.

Es heißt, auf die Frage, was er über die westliche Zivilisation denke, habe Mahatma Gandhi geantwortet, sie sei keine schlechte Idee. Die Boni der Bankiers und die Milliarden der Oligarchen sind Naturphänomene. Einige müssen fort – sonst müssen wir übrigen verarmen. Nach dem großen Crash erlitten die isländischen Banken Verluste in der Höhe von hundert Milliarden Dollar, und das BIP des Landes belief sich auf dreizehn Milliarden. Auf einer Insel mit chronischer Inflation, einer kleinen Währung und kaum nennenswerten Naturressourcen außer Fisch und warmem Wasser. Mit einer Wirtschaftskraft, die einem Drittel der von Luxemburg entspricht. Die Isländer können dankbar sein, dass sie auf der Finanzparty mitmischen durften. So wie hässliche Mädchen: Habt Spaß, schluckt und haltet die Klappe, wenn es vorbei ist. Ökonomen zaubern jeden Tag dieselben Erklärungen aus dem Hut. Traumwelten sozialer Ausgrenzung und maßlosen Konsums können dort gedeihen, wo sie ihre Ruhe haben, fernab der Armut und Umweltverschmutzung, die sie selbst verursachen. Alternative Universen für privilegierte menschliche Lebensformen. Mal klettert die Börse nach oben, mal stürzt sie ab. Länder werden herabgestuft, und Währungen geraten ins Schwanken. Die Bewegungen des Marktes werden akribisch dokumentiert, Minute um Minute. Manche Menschen sind so arm, dass sie in kaputten Schuhen umherlaufen. Also reorganisiert man seine

Präferenzen, um ihnen aus dem Weg zu gehen. Über das aktuelle Begehren hinaus in die Zukunft zu blicken, scheint ein Ding der Unmöglichkeit zu sein. Die Geschichte ist zu Ende, und die Freiheit des Individuums beginnt.

Eine Alternative gibt es nicht.

Nicht genug damit, dass der gesamte Charakter des ökonomischen Mannes mit sämtlichen Eigenschaften kurzgeschlossen ist, die wir traditionell als männlich bezeichnen. Darüber hinaus haben wir gelernt, diese «männlichen» Eigenschaften den «weiblichen» überzuordnen, damit sie diese dominieren können.

Die Seele ist wertvoller als der Körper, und wir assoziieren die Seele mit ihm. Die Vernunft ist wertvoller als das Gefühl, und wir assoziieren die Vernunft mit ihm. Das Universale ist dem Spezifischen überlegen, und wir assoziieren das Universale mit ihm.

Objektiv ist besser als subjektiv, also assoziieren wir auch Objektivität mit dem Mann, der sich von einer Situation distanziert, sie kühlen Kopfes beobachtet, ohne sich von dem Gesehenen beeinflussen zu lassen. Die Kultur ist wertvoller als die Natur, und auch die Kultur verbinden wir mit ihm. Sie ist die ungezähmte Natur, die ihn ebenso fasziniert, wie sie ihn ängstigt.

Die Frau ist der Körper, die Erde und sie ist passiv. Sie ist unmündig, sie ist Natur – und das Gegenteil des Mannes. Er befruchtet sie, stutzt sie zurecht, beackert sie, um schließlich die Früchte zu ernten. Er schenkt ihr Bedeutung und setzt sie in Bewegung.

Auf seinen Irrfahrten bezwingt Homers Odysseus die Natur, den Mythos und den Sirenengesang der weiblichen Sexualität, um schließlich nach Ithaka heimzukehren und der patriarchalen Macht über seine Frau neues Leben einzuhauchen. Auf diese Sagen gründet sich das Selbstverständnis der westlichen Welt. Wir haben gelernt, die Geschlechter als eine Dichotomie zu betrachten, was in der Tat in den meisten Traditionen der Fall ist. Doch es gibt auch Ausnahmen.

Laut Laozis klassischem Werk *Daodejing*, das vermutlich im

sechsten Jahrhundert vor Christus entstand, setzen Yin und Yang einander in Bewegung. Das Weibliche und das Männliche sind Energien, die sich in einem Kreis bewegen, der weder Hierarchien noch Dichotomien zulässt. Das *Daodejing* beschreibt Yin und Yang nicht als ein Entweder-oder, wie es die traditionell-patriarchale Perspektive täte, sondern in mehrerlei Hinsicht als Ausweg aus derartigen Dichotomien. Was traditionell als «weiblich» gilt (Yin), ist frei und kann von allen Menschen angenommen werden, ganz gleich, welchen Geschlechts. Die Gesamtheit ist in einem ständigen Prozess der Veränderung und Schöpfung begriffen – nichts ist festgelegt oder gar gefangen.

Doch diese Sicht auf die Geschlechterverhältnisse hat sich nicht durchgesetzt.

Das mit der Frau Assoziierte ist fast immer konstruiert worden als etwas, das sich dem Männlichen unterzuordnen hat. Die Natur wird von der Kultur bezwungen, der Körper wird von der Seele in seine Schranken gewiesen. Der Autonome nimmt sich des Unmündigen an. Das Aktive dringt in das Passive ein. Der Mann ernährt, die Frau verzehrt. Folglich hat er die Entscheidungsgewalt. Wie sollte es sonst sein?

Die ökonomischen Theorien sind eine Fortsetzung dieser Geschichte. So wie der ökonomische Mann kraft seiner Männlichkeit dominiert, überlagert der wirtschaftliche Profit alle anderen ökonomischen Ambitionen. Gerechtigkeit, Gleichberechtigung, Fürsorge, Umwelt, Vertrauen, physische und psychische Gesundheit sind nebensächlich, und zwar deswegen, weil es eine ökonomische Theorie gibt, die dies rechtfertigt. Eine Theorie, die uns erklärt, warum es keine Alternative gibt. Obgleich wir tief im Innern wissen, dass das Wahnsinn ist.

Die Konsequenz: Anstatt Gerechtigkeit, Gleichberechtigung, Fürsorge Umwelt, Vertrauen, physische und psychische Gesundheit als fundamentale Variablen der Gleichung, die ökonomischen Wert generiert, zu betrachten, konstruiert man sie zu etwas, das dem ökonomischem Wert widerspricht. Wer ökonomischen Erfolg will, muss einen Kompromiss schließen – mit dem ökonomischen Mann.

Die Ökonomie so zu organisieren, dass der Lebensstandard in einer Gesellschaft steigen kann, ist die eine Sache. Sämtliche Werte dieser Gesellschaft dem Streben nach Profit und dem Wettbewerb zu unterwerfen eine völlig andere.

Die Ressourcen dieser Welt sind knapp bemessen, sagen wir. Die Natur ist statisch, knauserig und feindselig, und darum müssen wir miteinander konkurrieren. Aus dieser Konkurrenz heraus entsteht die Energie, die das ökonomische System antreibt, Ihnen Ihr Abendessen serviert und sämtliche Preise festsetzt, ob es nun um Waffeln oder Kinder aus dem Reagenzglas geht.

Die bekannteste Definition der Ökonomie wurde 1932 von Lionel Robbins formuliert. Ihm zufolge handelte es sich dabei um «die Wissenschaft, die menschliches Verhalten als Verhältnis zwischen Zielen und knappen Mitteln, die unterschiedlich verwendet werden können, untersucht». In den Hauptrollen: Die knauserige, feindselige Natur vs. der Mensch mit seiner unstillbaren Gier und seiner unermesslichen Entscheidungsfreiheit. Das ist die Fortsetzung unserer tradierten Vorstellung vom Mann, der mithilfe seiner Vernunft die weibliche Natur, die er zugleich begehrt und fürchtet, bezwingt und sich untertan macht.

Die Ökonomin Julie Nelson sinniert in einer Fußnote darüber, wie anders die Welt wohl aussehen möge, wenn wir die Ökonomie definiert hätten als «Wissenschaft darüber, wie der Mensch seinen Anforderungen genügt und die Freuden des Lebens genießt, indem er die kostenlosen Geschenke der Natur wahrnimmt».

Hier ist die Natur kein Widersacher, sondern eine Voraussetzung. Sie ist flexibel, freigiebig und freundlich. Unsere Beziehung zu ihr ist kein Nimm-alles-was-du-kriegen-kannst-bevor-es-sich-ein-anderer-schnappt. Stattdessen ist die Natur ein Teil derselben Gesamtheit, der auch wir angehören.

Wir können den ökonomischen Mann so oft kritisieren, wie wir wollen. Solange wir nicht begreifen, dass er ein genderspezifisches Konstrukt ist, werden wir uns nicht von ihm befreien können.

Nach Jahrtausenden der Unterdrückung der Frauen und des Dualismus identifizieren wir uns mit ihm – mit Haut und Haar. Mit der Tiefe seiner Gefühle. Seiner Furcht vor der Schwäche, vor der Natur, vor Emotionen, vor Abhängigkeit, vor dem Zyklischen und allem, was wir nicht verstehen. Das ist die Geschichte, auf die unsere Gesellschaft sich gründet. Die verzweifelte Flucht vor jenen Facetten des Menschseins, die wir uns nicht eingestehen mögen.

Und für diese Flucht brauchen wir den ökonomischen Mann. Mehr als die Luft zum Atmen.

Die ökonomische Sicht auf den Menschen und sein Handeln verrät einiges darüber, wie wir uns selbst sehen.

Ökonomische Phänomene haben ihren Ursprung in unseren Handlungen – Einkäufe erledigen, Unterwäsche kaufen, eine Brücke errichten, einen Baum pflanzen, den Nachbarn beobachten und ihn um sein Auto beneiden. Die Ökonomen jedoch beschreiben diese Handlungen auf einem abstrahiert-statistischen Niveau: Marktpreis, BIP des jeweiligen Landes, Konsumverhalten etc. pp.

Diese statistische Wirklichkeit, so glaubt man, spiegelt wider, was die Akteure auf einem Mikroniveau treiben, und deshalb beansprucht die Ökonomie für sich, das ökonomische Verhalten des Menschen vollends erfasst zu haben. Wer ist diese Person? Was bestimmt ihr Handeln? Und was hat ihre Geschichte mit der BIP-Kurve auf Folie vier der Power-Point-Präsentation des Reichsbankchefs zu tun?

Das ist eines der Probleme dieser Geschichte. Doch bei Weitem nicht das einzige.

In der Ökonomie wird jede Annahme über den Menschen stets eine Vereinfachung sein. Müssen wir wirklich wissen, wer wir sind, um die Wirtschaft zu verstehen? Vielleicht nicht.

Doch werden wir sie ganz gewiss nicht verstehen, wenn wir alles in unserer Macht Stehende unternehmen, um diese Frage zu umgehen.

Und genau darin besteht die Funktion des ökonomischen Mannes: Er flieht. Vor Körper, Gefühl, Abhängigkeit und Kontext. Vor all den Facetten des Menschseins, die wir nicht akzeptieren wollen. Und nicht zuletzt vor der Verantwortung für die Gesamtheit, deren Teil wir doch sind.

Abhängigkeit ist seit Jahrhunderten mit Scham behaftet. Abhängig, das waren Sklaven und Frauen. Als die Arbeiterbewegung ein allgemeines Stimmrecht forderte, argumentierte sie damit, dass auch sie unabhängig seien. Bis dahin war Unabhängigkeit über Besitz definiert worden. Wer Besitz hatte, war unabhängig. Wer für andere arbeitete, stand in Abhängigkeit. Die Arbeiterbewegung jedoch definierte das, was zuvor unter dem Namen Lohnsklaverei gelaufen war, neu und machte es zu etwas, worauf man stolz sein konnte. Selbständig war, wer eine Arbeit hatte und mit dem Lohn seine Familie ernähren konnte. Und weil man auf diese Weise seinen gesellschaftlichen Pflichten nachkam, konnte man auch gewisse Rechte einfordern.

Das galt allerdings nicht für Frauen – denn die waren noch immer abhängig.

Dass die «Unabhängigkeit» des Arbeiters, die es ihm möglich machte, einer Vollzeitarbeit nachzugehen, abhängig war von einer Frau, die sich um den Haushalt kümmerte, darüber schwieg diese Geschichte sich aus. So wie Adam Smith sich über seine Mutter ausgeschwiegen hatte.

Wie Abhängigkeit definiert und wer als wessen Parasit betrachtet wird, ist schon immer eine politische Frage gewesen. Brauchte Adam Smiths Mutter ihren Sohn, oder brauchte Adam Smith seine Mutter?

In Grunde sind wir alle in irgendeiner Form abhängig, und daher kann es nicht die Aufgabe der Gesellschaft sein, die Menschen, die produzieren, von denen, die konsumieren, zu trennen. Wir alle tragen Verantwortung, füreinander und für uns selbst. Ganz gleich, was wir uns vormachen, wir sind Teil einer Gesamtheit. Und wir benötigen eine Sprache, in der wir darüber sprechen können.

Die tatsächliche Selbstwahrnehmung der Menschen hat keinen Platz in der heutigen Ökonomie. Die Theorien stützen sich lieber auf eine fiktive Figur, deren markanteste Charakteristik darin besteht, dass sie keine Frau ist.

Man könnte meinen, Ökonomen sollten sich damit befassen, Lösungen für die hochkomplexen Probleme zu finden, vor denen die Menschheit steht. Stattdessen lassen sie sich von ihren eigenen Vorstellungen über eine männliche Natur blenden, die nicht einmal Männer besitzen.

Wir steuern die Welt von einem Ort aus, an dem wir nicht wissen, wer wir sind.

Es heißt, alles müsse in seine kleinsten Teilchen zerlegt werden und lasse sich nur erfassen, wenn es von seinem Kontext befreit und in ein Konkurrenzverhältnis gestellt wird. Dieses Weltbild erschwert es, dort anzupacken, wo es wirklich nötig wäre.

Die ökonomischen Theorien helfen uns weder zu verstehen, was die Entscheidungen, die wir tagtäglich treffen, für die Gesamtheit und für die Gesellschaft bedeuten, noch für die Zukunft, die wir unweigerlich eines Tages hinterlassen werden, sosehr wir auch beteuern mögen, unsere Handlungen seien lediglich verstreute Impulse in einem luftleeren Raum.

Stattdessen sollte uns die Ökonomie für die Beantwortung der Frage, wer wir sind, Werkzeuge und Methoden zur Verfügung stellen, mithilfe derer wir eine Gesellschaft schaffen können, die Platz für das umfassende menschliche Erlebnis bietet. Eine Gesellschaft, die uns in jenem großen Ganzen vereint, in dem wir erst greifbar werden. Für uns selbst, für andere und sogar für mathematische Formeln.

Würden wir unsere Bedürfnisse tatsächlich verstehen, würden wir vielleicht begreifen, dass wir etwas ändern müssen: Überarbeitung, Überstimulation, überstrapazierte Konten. Keine Alternativen und doch alle Wahlmöglichkeiten der Welt.

Darlehen, Schulden, Angst und Gier. So werden wir unsere Bedürfnisse sicher nicht befriedigen. Dass man drauf los rennt, heißt noch lange nicht, dass man vorwärts kommt – wenn man im Kreis läuft. Immer schneller. Und dem Traum absoluter Freiheit nachjagt. Die Welt hört auf, wo sie begann. Schlägt um sich und schreit nach mehr. Alle wollen einem an den Kragen. Deshalb tut man, wie einem geheißen, steht allmorgendlich auf, bezahlt seine Rechnungen und hebt brav die Quittungen auf. Erwartungen sind nichts anderes als gefangener Schmerz. Ein Versprechen von Sicherheit, so hauchdünn, dass die Dunkelheit hindurchsickert. Wer Honig kosten will, der rottet keine Bienen aus. Der Markt ist ein Teil der menschlichen Natur. Und jede Gesellschaft leidet proportional zu ihrem eigenen Gesülze.

Die Ökonomie könnte uns dabei helfen, Ängste und Gier zu überwinden, wenn sie sich diese Gefühle nicht zunutze machte.

In der Ökonomie sollte es darum gehen, wie sich eine soziale Vision in ein modernes ökonomisches System übersetzen lässt.

Sie sollte ein Werkzeug sein, mit dem sich Möglichkeiten für menschliche und gesellschaftliche Entwicklungen ausloten lassen, und nicht nur beobachten, inwieweit sich unsere Ängste in Form von Nachfrage auf dem Markt ausdrücken.

Sie sollte sich konkreten, gesellschaftlich relevanten Fragen widmen anstatt den abstrakten Analysen hypothetischer Entscheidungen.

Sie sollte den Menschen als ein denkendes Lebewesen betrachten und nicht nur als Anhänger, der hinter die Konsequenzen einer unausweichlichen, zwingenden Rationalität gespannt ist. Sie sollte die Menschen als Teil einer Gesellschaft betrachten und nicht als Individuen, deren Wesen sie niemals verändert, die schwerelos durch ein leeres Vakuum schweben, stets mit einer Armlänge Anstand zueinander.

Sie sollte akzeptieren, dass soziale Beziehungen die Grundvoraussetzung dafür sind, überhaupt so etwas wie ein Ich entwickeln zu können, anstatt sie auf Konkurrenz, Profit und Verlust zu reduzieren. Es geht um so viel mehr als darum, billig zu kaufen und teuer zu verkaufen, um dann zu sehen, wer das bessere Geschäft gemacht hat.

Sie sollte den Menschen als jemand sehen, dessen Handeln davon abhängig ist, in welcher Beziehung er zu anderen steht, anstatt ihm Eigeninteresse zu unterstellen und sämtliche Zusammenhänge und Machtverhältnisse zu untergraben.

Sie sollte Eigeninteresse und Altruismus nicht als Widerspruch betrachten – und zwar deswegen, weil sie das Umfeld nicht länger als Gegensatz zum menschlichen Ich auffassen sollte.

Warum bist du unglücklich?, fragte sich der Dichter Wei Wu Wei.

Weil 99 %
Von allem, was du denkst
Und allem, was du tust
Dir selbst gilt –
Doch das Selbst gibt es nicht.

Anstatt vor unserer Schwäche zu fliehen, könnten wir sie als Teil des Menschseins akzeptieren und als das, was uns gemein ist.

Anstatt zu behaupten, dass Gefühl und Verstand sich widersprechen, könnten wir uns die Frage stellen, wie der Mensch seine Entscheidungen tatsächlich begründet.

Anstatt zu versuchen, alle Menschen in ein einziges abstraktes Bewusstsein zu quetschen, könnten wir Verschiedenheit akzeptieren.

Unsere Beziehungen sollten nicht auf Konkurrenz reduziert, die Natur nicht als feindseliger Antagonist beschrieben werden. Wir könnten uns eingestehen, dass das Ganze größer ist als die Summe seiner Teile. Dass die Welt keine Maschine, keine gigantische mechanische Inszenierung ist. Und dafür müssen wir den ökonomischen Mann über den Haufen werfen. Man kann viele unnütze Tränen vergießen, doch sicher nicht über diesen Verlust. Sinn und Zweck dieser Reise könnte verändert werden. Wir könnten damit aufhören, die Welt besitzen zu wollen, und damit anfangen, uns in ihr einzuleben.

Denn das ist ein himmelweiter Unterschied. Etwas zu besitzen, heißt, etwas sein Eigen zu nennen. Mit beiden Händen ein totes Etwas zu umfassen und zu sagen: Das gehört mir! Wenn man zu Hause ist, sollte man nicht erklären müssen, dass einem etwas gehört.

Weil man nämlich weiß, dass dem nicht so ist.

Und das ist der Moment, in dem man die Schuhe auszieht – und bereit ist, eine Weile zu bleiben.

ANMERKUNGEN

ERSTES KAPITEL

Die Ökonomie wurde häufig als eine Wissenschaft beschrieben, in der es um die Frage geht, wie sich Liebe konservieren lässt: siehe McCloskey 2000, S. 13.

«Nicht vom Wohlwollen des Metzgers, Brauers und Bäckers erwarten wir das, was wir zum Essen brauchen, sondern davon, dass sie ihre eigenen Interessen wahrnehmen»: siehe Smith 1978, S. 17.

Frage: «Was ist hundert Meter lang, langsam wie eine Schnecke und ernährt sich ausschließlich von Kohl?»: Gängiger Scherz in der ehemaligen Sowjetunion.

Formuliert hat ihn Adam Smith, doch es waren die Ökonomen nach ihm, die ihn in einem weiteren Sinne gebrauchten: Der Begriff «die unsichtbare Hand» taucht in *Wohlstand der Nationen* nur ein einziges Mal auf, nämlich in Zusammenhang mit «Einfuhrbeschränkungen»: siehe Smith 1978, S. 371.

«Das erste Prinzip der Wirtschaftslehre besagt, dass jeder Akteur allein durch sein Eigeninteresse angetrieben wird»: siehe Edgeworth 1967, S. 16.

Die moderne Ökonomie, wurde auf dem «Granit des Eigeninteresses» errichtet: siehe Stigler 1971, S. 265.

Die Moral führt uns vor Augen, wie wir die Welt gern hätten, Ökonomen dagegen sprechen aus, wie sie wirklich aussieht: Aus dem Vorwort zu *Freakonomics*, siehe Levitt/Dubner 2007, S. 15 ff.

«Ich kann die Bewegungen der Himmelskörper berechnen, aber nicht die Verrücktheit der Menschen»: Das Zitat wurde Newton zugeschrieben. Es taucht erstmals auf in Henry Richard Fox Bournes *The Romance of Trade* von 1871.

Verstünde man das Individuum, überlegten die Ökonomen, verstünde man alles: siehe z.B. Davis 2003.

«Was mich eigentlich interessiert, ist, ob Gott die Welt hätte anders machen können», sinnierte Albert Einstein: mitunter zitiert in Hawking 1993, S. 113.

Ökonomische Theorie sei «eine Ansammlung von Generalisierungen, deren substanzielle Korrektheit und Gewicht nur von den Unkundigen und Abweichenden infrage gestellt werden kann»: siehe Robbins 1945, S. 1.

«There is no alternative», konstatierte Margaret Thatcher: oft angwandter Slogan der britischen Premierministerin Margaret Thatcher. «There is no alternative» ist auch als Akronym TINA bekannt.

Er schreibt vor, was es wert ist, mit dem Absturz einer Investmentbank den

Steuerzahlern auf der Tasche zu liegen (Siebzig Millionen Dollar im Jahr): Das Einkommen von Richard S. Fuld junior, Geschäftsführer der Bank Lehman Brothers während der Jahre 2000 bis 2007, wird auf 500 Millionen Dollar geschätzt. Siehe Bebchuk, Cohen, Spamann 2010.

Und den Wert dafür, in einem skandinavischen Wohlfahrtsstaat die zitternde Hand einer siebenundachtzigjährigen Frau während ihrer letzten siebenhundert Atemzüge zu halten (96 Schwedische Kronen in der Stunde): ungefährerer Minimallohn für KrankenpflegehelferInnen in Schweden.

Adam Smith war nie verheiratet: siehe Phillipson 2010.

Für das Bruttoinlandsprodukt (BIP), das den Wert aller in einem Land hergestellten Güter angibt, ist sie unsichtbar: Zum Thema Frauen und BIP siehe Waring 1999.

Die französische Schriftstellerin und Feministin Simone de Beauvoir beschrieb die Frau als «das andere Geschlecht»: siehe de Beauvoir 2000.

Heute wird bisweilen darauf hingewiesen, die Ökonomie gründe nicht nur auf einer «unsichtbaren Hand», sondern auch auf einem «unsichtbaren Herz»: siehe Folbre 2001.

ZWEITES KAPITEL

A. A. Milne, der Autor der Pu der Bär-Geschichten, sagte einmal: siehe Milne 2004, S. 14–16.

Welcher Student der Wirtschaftswissenschaften muss nicht irgendwann einem Dozenten dabei lauschen, wie er Daniel Defoes Roman von 1719 nacherzählt?: siehe z.B. Grapard & Hewitson 2011.

Robinson Crusoe wird als Sohn eines Kaufmanns im englischen York geboren: Defoe 1992.

Der irländische Autor James Joyce beschrieb Robinson: vgl. Joyce 1964, S. 24–25.

Ceteris paribus, leiert der Professor der Wirtschaftswissenschaften in seiner Vorlesung auf Latein herunter: vgl. dazu z.B. Marshall 1920, Buch 5, Kapitel 5.

Und damit ward das Verhaltensmodell geboren, das seither unser ökonomisches Denken prägt: Der Begriff «economic man» – der ökonomische Mensch/Mann – wurde erstmals von John Stuart Mill verwendet. Zwar wird der Begriff assoziiert mit Adam Smith, doch erst im 19. Jahrhundert wurde er gemeinhin gebraucht. Für mehr zum *Homo oeconomicus* siehe Persky 1995.

Bernard de Mandeville, ein niederländischer Arzt, der in England praktizierte, veröffentlichte 1714 seine berühmte Bienenfabel: siehe Mandeville 1997.

«Amerika macht keinen Sinn ohne einen tief empfundenen Glauben – woran ist mir egal», sagte einst US-Präsident Dwight D. Eisenhower: siehe Nelson 2002, S. 301.

Anders als bei Männern, wurden Lust und Gier bei Frauen schon immer angeprangert: siehe Folbre 2009.

«Ich weiß nur, dass ich dann als Feministin abgestempelt werde, wenn ich Meinungen vertrete, die mich von einer Prostituierten oder einer Fußmatte unterscheiden», schrieb die englische Schriftstellerin Rebecca West: Zitiert in Schmidt 1994, S. 34.

Also, befanden die Ökonomen des 19. Jahrhunderts, schafften sie auch keinen Wohlstand: Der britische Ökonom Nassau William senior (1790–1864) spielte dabei eine wirkmächtige Rolle, siehe z.B. Senior 1965.

Eine Gruppe von Männern an der Fakultät für Ökonomie der Universität von Chicago glaubte, dass jede menschliche Aktivität mithilfe ökonomischer Modelle analysiert werden könne: siehe z.B. Becker 1982.

Der französische Philosoph Michel Foucault hielt 1979 eine Vorlesungsreihe am Pariser Collège de France: siehe Foucault 2006.

*Zu behaupten, die Chicago-*Ökonomen *«seien keine Feministen, wäre ungefähr so, als würde man sagen, Königstiger sind keine Vegetarier»*: zitiert nach Hewitson 1999, S. 130.

*Die geringen Gehälter der Frauen mussten darauf beruhen, dass sie weniger verdienten, mutmaßten die Chicago-*Ökonomen: siehe Mincer und Polachek 1992. Zwar forschte Jacob Mincer den Großteil seines Lebens an der Columbia University, dennoch wird er vorrangig mit den Chicago-Ökonomen assoziiert, vor allem wegen seiner Theorien zum Humankapital, in denen er noch vor Gary Becker und T. W. Schultz Gehaltsunterschiede beschrieb.

Und weil Frauen weniger in ihre Karrieren investierten, verdienten sie weniger Geld: Hierbei handelt es sich um die Theorie zum Humankapital, wie sie von Jacob Mincer vorgestellt wurde.

Doch allmählich, als die Theorie auf den Prüfstand gestellt wurde, zeigte sich, dass die Argumente der Wirklichkeit nicht standhielten: siehe Hewitson 1999, S. 50.

Gary Beckers Theorien zur Rassendiskriminierung sind der bekannteste Erklärungsversuch: siehe Becker 1957.

Doch so, wie die Ökonomen es sich ausgemalt hatten, sollte es nicht kommen: siehe Arrow 1972 und Mueser 1987.

Gary Beckers Theorie zur Hausarbeit lautete ungefähr so: siehe Becker 1995.

Wenn überhaupt ein Wort darüber verloren wurde, bemerkte man nur knapp, das sei der Biologie geschuldet: siehe z.B. Becker 1991, S. 37.

Sigmund Freud behauptete tatsächlich, Frauen könnten von Natur aus besser putzen: siehe Kipnis 2006, S. 81–122.

In Wahrheit ist das weibliche Geschlechtsorgan ein elegantes und selbstregulierendes System: siehe Angier 2000, S. 58.

«Ökonomie handelt von Geld, und davon, warum Geld gut ist»: Woody Allen zitiert nach Brockway 1996, S. 10.

Laut Berechnungen des britischen Ökonomen John Maynard Keynes: Für die folgende Argumentation siehe Keynes 1931.

Wenn wir nur gut investierten, würden unsere Ressourcen früher oder später gedeihen – durch den Zinseszins: Wenn Produktivität und Kaufkraft pro Kopf jährlich um 2 Prozent steigen, werden sie sich ungefähr jedes fünfunddreißigste Jahr verdoppelt haben. Binnen eines Jahrhunderts (103,5 Jahre) werden Verbrauch und Einkommen auf das Achtfache anwachsen. Nach weiteren fünfunddreißig Jahren werden sie aufs Sechzehnfache angewachsen sein.

«Es gibt Menschen auf der Welt, die sind so hungrig, dass Gott ihnen allein als Brot erscheinen kann», hat Mahatma Gandhi es ausgedrückt: siehe Marglin 2008, S. 4.

«eine dieser semikriminellen, semipathologischen Anlagen, die man unter einem Schauern den Spezialisten für psychische Krankheiten anvertraut», wie Keynes es ausdrückte: siehe Keynes 1963, S. 374.

Ein Land, das binnen drei Jahrzehnten ein Wirtschaftswachstum von 9 Prozent verzeichnen konnte, und dessen Mittelschicht binnen fünfzehn Jahren von 174 Millionen auf 806 Millionen angewachsen ist: Ziffern verfügbar unter http://data.worldbank.org/ country/china.

In der Welt des ökonomischen Mannes ist der Tod ein geschäftlicher Schritt: siehe Hamermesh & Soss, 1974.

bis zu vorgetäuschten Orgasmen: siehe Mialon 2012.

Galenson hat eine statistische Methode entwickelt, mit der er die bedeutsamsten Kunstwerke der Welt zu ermitteln sucht: siehe Galenson 2006.

Zu fragen, was den Wert eines Kunstwerks ausmacht, ist die eine Sache: Warum ist diese Installation zwölf Millionen wert und jene hundert Millionen?: siehe z.B. Thompson 2008.

«Wir alle möchten glauben, Kunst sei etwas Besonderes, doch ich halte nichts von der Behauptung, es gäbe einen Unterschied zwischen künstlerischem und ökonomischen Wert»: zitiert in der *New York Times*, 4. August 2008.

ergäben sich rund 11.000 Dollar pro Kopf, und niemand müsste mehr Hunger leiden: siehe z.B. *CIA The World Fact Book*, verfügbar unter: www.cia.gov/library/publications/the-world-factbook/.

Jedes Jahr sterben rund eine halbe Million Frauen bei der Geburt ihrer Kinder: Statistik des Bevölkerungsfonds der Vereinten Nationen (UNFPA), verfügbar unter: www.unfpa.org.

Berechnungen des Ökonomen Amartya Sen zufolge gäbe es hundert Millionen Frauen mehr auf der Welt: siehe Sen 1990.

Jene hundert Millionen «vermisster Frauen» sind die schlussendliche Konse-

quenz eines Systems, in dem siebzig Prozent der ärmsten Menschen auf der Welt Frauen sind: Statistik verfügbar unter: www.unfpa.org.

das reichste Prozent der amerikanischen Bevölkerung ein Viertel des Gesamteinkommens verdient: siehe Stiglitz 2011.

Ein reicher Bundestaat wie Kalifornien wendet mehr Geld für Gefängnisse denn für Universitäten auf: siehe Center on Juvenile and Criminal Justice 1996.

«Mal unter uns», war darin zu lesen, «sollte sich die Weltbank nicht vermehrt für den Transfer schmutziger Industrien in die LDC (die am wenigsten entwickelten Länder) einsetzen?»: Das Memo wurde zitiert in *The Economist*, 8. Februar 1992.

Stellen Sie sich vor, Kenia und Deutschland wären keine Länder, sondern Individuen: Für weitere Überlegungen zu Summers' Memo siehe Marglin 2008.

«Ihre Argumentation ist ebenso schlüssig wie wahnsinnig», schrieb José Lutzenberger: zitiert in Jensen 2002, S. 124.

Eine untadelige ökonomische Logik ist die eine Sache, die Region rundum Guiyu in China eine ganz andere: siehe Walsh 2009.

FÜNFTES KAPITEL

«In diesem Gebäude hab ich den längsten Schwanz»: zitiert in Kipnis 2006, S. 34.

Wir sind im Begriff, die Männer zu werden, die wir einst heiraten wollten: Diese Redewendung wird häufig der amerikanischen Feministin Gloria Steinem zugeschrieben.

Mehr als die Hälfte aller Migranten auf der Welt sind weiblich, in einigen Ländern liegt der Anteil sogar zwischen 80 und 90 Prozent: siehe Barker & Feiner 2004, S. 123.

In den USA beträgt die durchschnittliche Arbeitszeit für Hausangestellte vierzehn Stunden. Laut einer Studie der Human Rights Watch ist es vielen verboten, das Haus ohne Erlaubnis verlassen: siehe Varia 2007.

Auf der anderen Seite verdient eine philippinische Hausangestellte in Hongkong genauso viel wie ein männlicher Arzt auf dem philippinischen Land: siehe Hochschild 2000.

In vielen Ländern trägt das Geld, das ausgewanderte Frauen nach Hause schicken, mehr zur wirtschaftlichen Entwicklung bei als sämtliche Gelder von Hilfsorganisationen und Auslandsinvestitionen: siehe Kingma 2007.

Die feministische Ökonomin und Politikerin Marilyn Waring beschreibt in einem ihrer Bücher die unbezahlte Arbeit einer jungen Frau im Low Veld in Simbabwe: siehe Waring 1999.

In der heutigen Welt verbringt eine Frau schätzungsweise zwei Drittel ihres Arbeitstages mit unbezahlten Tätigkeiten, bei Männern liegen die entspre-

chenden Vergleichswerte bei 25 Prozent: siehe Human Development Report 1999, S. 78.

Da sich zuvor niemand darum geschert hatte, Hausarbeit zu berücksichtigen, wurde das Wohlstandswachstum vermutlich überschätzt: für mehr Überlegungen dazu siehe Folbre 2002, S. 67.

Das Ergebnis: zwischen 30,6 und 40,1 Prozent: Erste Berechnung: 284,9 Milliarden Dollar. Zweite Berechnung: 318,8 Milliarden. Siehe z.B. Hamdad 2003.

Im Jahr 1957 schickte Betty Friedan, eine zweifache, sechsunddreißigjährige Mutter, vor einem anstehenden Klassentreffen einen Fragebogen an ihre ehemaligen Mitschülerinnen: für mehr über Friedans Leben und Wirken siehe Hennessee 1999.

Das Buch verkaufte sich mehr als zwei Millionen Mal und «drückte auf den Abzug der Geschichte», wie es der amerikanische Autor Alvin Toffler formulierte: zitiert in Fox 2006.

Die Forschung zeigt, dass Frauen in den westlichen Ländern seit den 1970er Jahren unglücklicher geworden sind: siehe Stevenson & Wolfers 2009.

SECHSTES KAPITEL

1944 beschrieb der Mathematiker John von Neumann das soeben skizzierte Szenario als ein Nullsummenspiel mit zwei Akteuren: siehe z.B. Leonard 2010.

sowie die Notwendigkeit Außergewöhnliches zustande zu bringen, um nicht ausgelöscht zu werden: siehe Poundstone 1992, S. 66.

um durch die Explosion einen größtmöglichen Schaden zu erzielen: siehe Rhodes 1987, S. 628.

Noch immer fordern Spieltheoretiker, dass wir, anstatt spezifische Konflikte zu analysieren, die Faktoren in Augenschein nehmen, die Kriege, völlig unabhängig vom Kontext, rational machen: siehe Aumann 2005.

Dr. Seltsam ging an die Wall Street: Es heißt, John von Neumann habe Stanley Kubrick als Modell für die Figur des Dr. Seltsam in *Dr. Seltsam: Oder wie ich lernte, die Bombe zu leben* (1964) gedient.

So wie Physiker Gesetze für Materie und Energie formuliert hatten, versuchte sich die Finanzwirtschaft an Gesetzen für Aktien und Derivate: siehe z.B. Taylor 2004, S. 142–172.

«Stellen Sie sich einmal vor, wie kompliziert Physik wäre, wenn Elektronen denken könnten»: Murray Gell-Mann zitiert in Grazzini 2009, S. 2.

«Die Wall Street ist ein gigantisches Casino. Nur dass das Spiel viel größer ist und mich deshalb mehr reizt als ein Casino»: siehe Taylor 2004, S. 174.

Theologen haben die Markteffizienzhypothese mit einer Art Gottesbegriff verglichen: siehe Taylor 2004, S. 244–248.

Die Markteffizienzhypothese wurde als «größter Fehler in der Geschichte der

Finanzwirtschaft» bezeichnet: Diese Aussage wird manchmal Larry Summers, manchmal Robert Shiller zugeschrieben, siehe z.B. Jeremy Granthams Vorwort zu Smithers 2009.

Der Megaspekulant George Soros geht sogar so weit zu behaupten, das Gegenteil sei der Fall: siehe Soros 1994.

SIEBTES KAPITEL

Der zweite Teil von Johann Wolfgang von Goethes großem Drama «Faust» ist weit eigentümlicher als der erste: für mehr zum Thema Ökonomie in Goethes «*Faust*» siehe Binswanger 1994.

Die Geschichte des Geldes ist eine Reise vom Materiellen zum Immateriellen: für weiterführende Überlegungen siehe z.B. Weatherford 1999.

Aristoteles meinte, Zinsen für verliehenes Geld zu nehmen, sei unnatürlich, weil man auf diese Weise «aus dem Geld selbst den Erwerb zieht»: siehe Aristoteles 1971, 1258b.

1997 brauchte der Rockstar David Bowie dringend Geld: siehe Buckley 2000, S. 536–538.

Es handelte sich um die größte ökonomische Blase seit Menschengedenken: siehe *The Economist* 2005.

Spekulation entsteht dort, wo unsere kollektive Fantasie sich auf etwas heftet, das wir für etwas Neues und Einzigartiges ansehen: siehe Galbraith 1994, S. 28.

Sobald bekannt wird, dass sich auf einem Markt viel Geld machen lässt, wollen alle dort investieren: für weitere Ausführungen über Blasen siehe Kindleberger 2001.

«Die Illusion ist Wirklichkeit geworden, und je wirklicher sie wird, desto stärker wird sie auch begehrt»: Gordon Gekko in Oliver Stones Film *Wall Street* von 1987.

Inzwischen übernehmen im Finanzgeschehen zunehmend abstrakte Algorithmen die Aufgabe von Maklern: siehe Grant & Mackenzie 2010.

Im Herbst 2008 wurde Alan Greenspan, Vorsitzender des Federal Reserve System, im Kongress zur großen Krise befragt: Das Verhör kann nachgelesen werden auf www.pbs.org. Greenspan legte seine Ideologie nicht ad acta. Am 29 März 2011 schrieb er in der *Financial Times*: «Die heutigen Märkte werden, ob uns dies bewusst ist oder nicht, gesteuert von einer internationalen Version von Adam Smiths ‹unsichtbarer Hand›, die sie kaum durchschauen lässt. Bis auf wenige Ausnahmen (2008 beispielsweise) hat die globale ‹unsichtbare Hand› relativ stabile Währungskurse, Zinssätze, Preise und Lohnsätze hervorgebracht.»

ACHTES KAPITEL

Der erste Frontalangriff auf das Konzept des ökonomischen Mannes wurde 1979 publiziert: siehe Kahneman & Tversky 1979.

2002 wurde Kahneman mit dem Wirtschaftsnobelpreis ausgezeichnet: Wäre Tversky nicht im Jahr 1996 verstorben, wäre auch er ausgezeichnet worden.

Es macht einen Unterschied, ob wir jemandem, mit dem wir feilschen, gegenüberstehen oder nicht: siehe Smith 2000 (Kapitel 2) sowie Aktipis' & Kurzbans Artikel *Is Homo Oeconomicus Extinct* in Koppl 2005.

In so mancherlei Hinsicht erfolgt ökonomisches Verhalten nicht rational – sondern emotional. Nicht individuell – sondern kollektiv: siehe Akerlof & Shiller 2009.

Der Ökonom und Philosoph Amartya Sen illustriert dies an folgendem Dialog: siehe Sen 1990, S. 35.

Gegen diese Frage formulierte der neoliberale Ökonom Milton Friedman einen berühmt gewordenen Einwand, der sich einer Metapher aus der Welt des Billardspiels bedient: siehe Friedman 1953.

John Kenneth Galbraith sagte einmal, Gott habe die Ökonomen erfunden, um die Astrologie seriöser erscheinen zu lassen: siehe *U.S. News & World Report*, 7. März 1988, S. 64, wobei unklar ist, ob diese Überlegungen tatsächlich von Galbraith stammen.

Der amerikanische Ökonom und Nobelpreisträger Robert Lucas sah sich veranlasst, der Königin eine Antwort zu geben: siehe Lucas 2009.

Nach dem Zerfall der Sowjetunion setzte der Internationale Währungsfonds gemeinsam mit dem Finanzministerium der Vereinigten Staaten eine rekordschnelle Privatisierung in Russland in Gang: siehe Stiglitz 2002, S. 133–166.

Eine kapitalistische Ökonomie in eine kommunistische zu verwandeln, sei wie «Fischsuppe aus einem Aquarium zu machen», sagte der Gewerkschaftsvorsitzende und spätere Staatspräsident Lech Wałęsa: aus einem Artikel von Amanda Friedeman im *Chicago Daily Observer* vom 30. Januar 2010.

Stellen wir uns vor, ein Mann würde einen Kirchturm erklimmen und dort oben anfangen, wie ein Hahn zu krakeelen: für rationale Erklärungen zum Wahnsinn siehe Caplan 2005.

NEUNTES KAPITEL

Damals wurde es als wichtig erachtet, den Kommerz von der menschlichen Gemeinschaft zu distanzieren: dazu mehr bei Taylor 2008, S. 69.

«Heutzutage kennen die Leute von allem den Preis und von nichts den Wert», schrieb Oscar Wilde: siehe Wilde 2014, S. 63.

«Bei all dem Gefasel von Stimulation möchte man beinahe glauben, der Markt

sei eine riesige Klitoris», schreibt die amerikanische Journalistin Barbara Ehrenreich: siehe Ehrenreich 2008.

Zwei Ökonomen, Uri Gneezy und Aldo Rustichini, untersuchten diesen Fall genauer: siehe Gneezy & Rustichini 2000.

Ein Beispiel: Eine Wohltätigkeitsorganisation begann, kostenfreie Impfungen auf dem indischen Land anzubieten: siehe Banerjee & Duflo 2012, S. 66 ff.

Als in der Schweiz eine der zahlreichen Volksabstimmungen ins Haus stand, wurde eine ökonomische Studie durchgeführt: siehe Schwartz 2007.

ZEHNTES KAPITEL

Die feministische Ökonomieprofessorin Nancy Folbre gibt häufig folgende Geschichte zum Besten: siehe Folbre 2001, S. 22–23.

Das eine tat man für Geld, das andere aus Nächstenliebe – zwei völlig unterschiedliche Motivationen. Und sie konnten beisammen nicht kommen: für mehr zu dieser Dichotomie siehe Folbre & Nelson 2000.

Das Geld ist die menschliche Glückseligkeit in abstracto: siehe Schopenhauer 1968, S. 691.

Die Begründerin der modernen Krankenpflege, Florence Nightingale, wurde 1820 in Florenz als Kind britischer Eltern geboren: Sämtliche Darlegungen über Florence Nightingale basieren auf Moberg 2007.

Allein zwischen 2000 und 2003 wurden rund 3500 philippinische Ärztinnen und Ärzte zu Krankenschwestern- und pflegern umgeschult: siehe Agence France-Presse 2005.

In Schweden wird erwartet, dass bis zum Jahr 2030 rund 130 000 Fachkräfte in der Pflegebranche fehlen werden: Grund ist die stetig älter werdende Bevölkerung in Komibnation mit einem geringen Interesse an einer Ausbildung in der Krankenpflege. Auf der Basis von Angaben des Statistischen Zentralamts 2008, verfügbar unter: www.scb.se.

Die Forschung hat versucht, der Beziehung zwischen Geld und dem Willen, Gutes zu tun, auf den Grund zu gehen: siehe Frey 1997.

ELFTES KAPITEL

1978 begann Deng Xiaoping die chinesische Wirtschaft zu liberalisieren: Die Überlegungen zu China basieren auf Leonard 2009.

Als sich im Laufe von sechzehn Monaten vierzehn Angestellte des iPhone-Herstellers Foxconn das Leben nahmen: siehe Johnson 2011.

«Gesellschaft – so etwas gibt es nicht», tat Thatcher kund: zitiert nach Douglas Keay in *Woman's Own*, 31. Oktober 1987.

«Um den Armen und der Mittelschicht zu helfen», schrieb der amerikanische Publizist George Gilder, «muss man die Steuersätze für die Reichen senken»: siehe Gilder 2011, S. 256.

Im Jahr 1974 trafen sich der Ökonom Arthur Laffer, Jude Wanniski vom Wall Street Journal und ein gewisser Dick Cheney in einem Hotelzimmer in Washington: siehe Chait 2007.

Kinder, die noch nicht einmal laufen können, schrieb er, würden etwas lernen, «dass Politiker und Ökonomen ständig vergessen, nämlich dass es immer zwei Steuersätze gibt, die zu identischen Steuereinnahmen führen»: siehe Wanniski 1998, S. 45.

David Stockman, Direktor des Office for Management and Budget, kommentierte: «1982 wusste ich, dass die Reagan-Revolution unmöglich war»: siehe Stockman 1986, S. 13.

In den Jahren 1978 bis 1999 konnten die reichsten 0,1 Prozent der amerikanischen Bevölkerung ihren Anteil am Nationaleinkommen verdreifachen: siehe Harvey 2007, S. 16.

2009 entsprach das Durchschnittsgehalt der schwedischen Wirtschaftselite rund einundvierzig Monatslöhnen eines Industriearbeiters: siehe LO-ekonomerna 2011.

J.K. Rowling zum Beispiel, die Autorin der Harry Potter-Bücher, verdient sehr viel mehr als seinerzeit Charles Dickens, da der Buchmarkt heutzutage global funktioniert: siehe Cowen 2011.

Laut UN *gab es 2005 mehr Ungleichheit auf der Welt als zehn Jahre zuvor, trotz der wirtschaftlichen Fortschritte vieler Regionen*: siehe United Nations Publications 2005.

Vor hundert Jahren lag das Verhältnis bei ungefähr neun zu eins: siehe Rothkopf 2008, S. 94.

Und selbst, wenn man sie addierte, machten Frauen nur neun Prozent der Dollar-Milliardäre aus: laut der *Forbes*-Liste 2009.

In den 1980er Jahren kam der Begriff «Papier-Unternehmerschaft» auf: Begriff geprägt durch Reich 1983.

2008 starteten 41 Prozent der Alumni der Harvard Business School als Hedgefonds-Manager, bei Investmentbanken oder Venture-Capital-Gesellschaften ins Berufsleben: laut des sogenannten Harvard MBA-Indikators 2009, zusammengestellt von Soifer Consulting.

In der Zeit vor der Großen Depression sah die Einkommensverteilung in den Vereinigten Staaten fast genauso aus wie unmittelbar vor der großen Finanzkrise von 2008: siehe Krugman 2009.

«Gott ist mit allen, mein Kind. ... Und genau betrachtet ist er immer mit denen, die viel Geld und eine starke Armee haben», heißt es beim französischen Dramatiker Jean Anouilh: Zitat stammt aus dem Stück *Jeanne oder die Lerche*, siehe Anouilh 1967, S.87.

ZWÖLFTES KAPITEL

Das höchste Gebäude der Welt steht in Dubai: bezüglich der Ausführungen zu Dubai siehe Davis & Monk 2007.

Der amerikanischen Feministin und Politologin Wendy Brown zufolge sieht die neoliberale Ideologie den Markt keineswegs als etwas Natürliches an: siehe Brown 2008.

Der französische Philosoph Michel Foucault machte den Unterschied zwischen Liberalismus und Neoliberalismus an den verschiedenen Betrachtungsweisen ökonomischer Aktivität fest: siehe Foucault 2006.

«Die Ökonomie ist die Methode; das Ziel ist, Herz und Seele zu verändern», formulierte es Margaret Thatcher: aus einem Interview mit Ronald Butt in *The Sunday Times* vom 3. Mai 1981.

Für Karl Marx resultierte aus der Herrschaft des Kapitals, dass die Kompetenzen und die Menschlichkeit der Arbeiter Schritt für Schritt in eine Maschinerie verwandelt wurden: bezüglich der Ausführungen zu Alimentation und Humankapital siehe Read 2009.

Als die Chicago-Ökonomen den Begriff «Humankapital» bei Adam Smith entdeckten, machten sie ihn sich zu eigen: siehe Mincer 1958.

«Heute mag es seltsam klingen, aber ich zauderte eine Weile, ehe ich mein Buch Human Capital nannte», bemerkte der Chicago-Ökonom Gary Becker in seiner Nobelvorlesung im Jahr 1992: siehe Becker 1992, S. 43.

Der Konflikt, den Marx beschrieb, verpuffte im Nichts, wenngleich aus anderen Gründen als erwartet: siehe Lemke 2001.

DREIZEHNTES KAPITEL

Seine Mutter existiert nicht. Sie ist ein leerer Raum – und der kleine, bereits selbständige Astronaut begibt sich auf seine Mission: bezüglich der Ausführungen über Individualismus und Lennart Nilssons siehe Newman 1996.

Die Schule, die in den letzten Jahren am meisten von sich reden machte, ist die Verhaltensökonomie: bezüglich Verhaltensökonomie siehe z.B. Östling 2009.

Die Ökonomie wurde zur «Wissenschaft des Individuums», und der Begriff «Individuum» bezeichnet das Unteilbare: siehe Franklin 1991.

Die feministische Philosophin Virginia Held formuliert es so: In seinem natürlichen Zustand steht der Mensch in totaler Abhängigkeit zu anderen: siehe Held 1990.

Das Interessante ist, warum wir uns dennoch so inständig wünschen, es gäbe ihn: Diese Fragestellung findet sich, aus einer anderen Perspektive und mit anderen Schlussfolgerungen, auch bei Feiner 2003.

VIERZEHNTES KAPITEL

Im fünfzehnten und sechzehnten Jahrhundert vollzog sich in den westlichen Ländern ein Sinneswandel, was das Verhältnis zwischen Mensch und Natur betraf: Weitere Perspektiven zum Thema Geschlecht/Genus, wie es in diesem Kapitel beleuchtet wird, finden sich z.B. Hewitson 1999, S. 108–138.

«Es handelt sich nicht um Diskriminierung, solange schwangere Männer und Frauen gleich behandelt werden», stellte der Oberste Gerichtshof der Vereinigten Staaten 1974 im berühmt gewordenen Präzedenzfall *Geduldig v. Aiello* fest, zitiert in Graycar & Morgan 1990.

Die schwedische Dichterin Edith Södergran – hier ins Deutsche übertragen von Nelly Sachs – schreibt in einem ihrer Gedichte: siehe Södergran 1990, S. 15.

Dass das Verhalten des ökonomischen Mannes nahezu karikaturesk einfach gestrickt ist, heißt nicht, dass er nicht aus tiefen inneren Konflikten heraufbeschworen worden ist: siehe Feiner 1999.

FÜNFZEHNTES KAPITEL

In einem ihrer Gedichte entwirft die Dichterin Muriel Rukeyser eine Fortsetzung des griechischen Mythos um König Ödipus: Als Motto zitiert in Folbre 2009.

Die Begründer der Ökonomie beschrieben ihr Forschungsfeld mit einem, gelinde gesagt, «messianischen» Vokabular: siehe Nelson 1993.

Dass eine Rose lieblicher duftet als Kohl, bedeutet nicht, dass sie eine schmackhaftere Suppe abgibt: siehe Mencken 2006, S. 19.

SECHZEHNTES KAPITEL

Nach dem großen Crash erlitten die isländischen Banken Verluste in der Höhe von hundert Milliarden Dollar: siehe Lewis 2009.

Laut Laozis klassischem Werk Daodejing, das vermutlich im sechsten Jahrhundert vor Christus entstand, setzen Yin und Yang einander in Bewegung: bezüglich Laozi und Feminismus siehe Chuan Xu 2003.

Die bekannteste Definition der Ökonomie wurde 1932 von Lionel Robbins formuliert: siehe Robbins, S. 16.

Die Ökonomin Julie Nelson sinniert in einer Fußnote darüber, wie anders die Welt wohl aussehen möge, wenn wir die Ökonomie definiert hätten als «Wissenschaft darüber, wie der Mensch seinen Anforderungen genügt und die Freuden des Lebens genießt, indem er die kostenlosen Geschenke der Natur wahrnimmt»: siehe Ferber & Nelson 1993, S. 26.

Warum bist du unglücklich?, fragte sich der Dichter Wei Wu Wei: aus *Ask The* Awakened, Vgl. Wei 1963, S. xxi.

LITERATUR

Agence France-Presse: *Warnings Raised About Exodus of Philippine Doctors and Nurses*. In: *The New York Times*, 27.11.2005.

Akerlof, George A. & Shiller, Robert J.: *Animal Spirits. Wie Wirtschaft wirklich funktioniert*. Übersetzt von Ute Gräber-Seißinger, Ingrid Proß-Gill & Doris Gerstner. Frankfurt/M.: Campus 2009.

Aktipis, Athena C. & Kurzban, Robert O.: *Is Homo Economicus Extinct? Vernon Smith, Daniel Kahneman and the Evolutionary Perspective*. In: Koppl, Roger (Hg.): *Evolutionary Psychology and Economic Theory. Volume 7*. Oxford: JAI Press 2005, S. 135–154.

Angier, Natalie: *Frau. Eine intime Geographie des weiblichen Körpers*. Übersetzt von Ditte Bandini. München: C. Bertelsmann Verlag 2000.

Anouilh, Jean: *Jeanne oder Die Lerche*. In: ders.: *Dramen. Dritter Band. Mit einem Vorwort von Gerhard F. Hering*. Übersetzt von Franz Geiger. München/Wien: Langen Müller Verlag 1967.

Aristoteles: *Politik*. Übersetzt von Olof Gigon. Zürich/Stuttgart: Artemis Verlag 1971.

Arrow, Kenneth J.: *Models of Job Discrimination*. In: Pascal, A.H. (Hg.): *Racial Discrimination in Economic Life*. Lexington: Lexington Books 1972, S. 83–102.

Aumann, Robert J.: *War and Peace. Nobelvorlesung* vom 8.12.2005, verfügbar unter http://www.nobelprize.org.

Banerjee, Abhijit & Duflo, Esther: *Poor Economics. Plädoyer für ein neues Verständnis von Armut*. Übersetzt von Susanne Warmuth. München: Knaus 2012.

Barker, Drucilla K. & Feiner, Susan F.: *Liberating Econo mics. Feminist Perspectives on Families, Work and Globali zation*. Ann Arbor: University of Michigan Press 2004.

Beauvoir, Simone de: *Das andere Geschlecht*. Übersetzt von Uli Aumüller & Grete Osterwald. Reinbek: Rowohlt 2000.

Bebchuk, Lucian, A., Cohen, Alma & Spamann, Holger: *The Wages of Failure. Executive Compensation at Bear Stearns and Lehman 2000–2008*. In: *Yale Journal on Regulation* 27, 2010, S. 257–282.

Becker, Gary S.: *A Treatise on the Family*. Cambridge: Harvard University Press 1991.

Becker, Gary S.: *Human Capital, Effort and the Sexual Division of Labor*. In: Humphries, Jane: *Gender and Economics*. Aldershot: Edward Elgar Publishing 1995, S. 385–387.

Becker, Gary S: *The Economics of Discrimination*. Chicago: The University of Chicago Press 1957.

Becker, Gary S.: *Der ökonomische Ansatz zur Erklärung menschlichen Verhaltens*. Übersetzt von Monika und Viktor Vanberg. Tübingen: Mohr 1982.

Becker, Gary S.: *The Economic Way of Looking at Life*, Nobelvorlesung vom 9.12.1992, verfügbar unter http://home.uchicago.edu/gbecker/Nobel/nobellecture.pdf.

Bereby-Meyer, Yoella & Fisk, Shelly: *Is Homo Oeconomicus a FiveYearOld?*. Ben Gurion University of the Negev 2009, Artikel veröffentlicht auf www.ssrn.com.

Binswanger, Hans Christoph: *Geld und Magie. Eine ökonomische Deutung von Goethes Faust*. Hamburg: Murmann 2005.

Brockway, George P.: *The End of Economic Man. Principles of Any Future Economics*. New York: W. W. Norton & Company 1996.

Brown, Wendy: *Att vinna framtiden åter*. Übersetzt von Leila Brännström, Sara Edenheim, Henrik Gundenäs, Anders Kalat & Annika Karlsson. Stockholm: Atlas 2008.

Buckley, David: *Strange Fascination. David Bowie. The Definitive Story*. London: Virgin Books, 2000.

Caplan, Bryan: *The Economics of Szasz. Preferences, Constraints, and Mental Illness*. Department of Economics, Center for Study of Public Choice and Mercatus Center, George Mason University 2005, verfügbar unter http://rss.sagepub.com/content/18/3/333.

Center on Juvenile and Criminal Justice: *From Classrooms to Cell Blocks*, Oktober 1996, verfügbar unter www.cjcj.org.

Chait, Jonathan: *The Big Con. The True Story of How Washington Got Hoodwinked and Hijacked by Crackpot Economics*. Boston: Houghton Mifflin Harcourt 2007.

Chuan Xu, Judith: *Poststructuralist Feminism and the Problem of Femininity in the Daodejing*. In: *Journal of Feminist Studies in Religion* 19 (1), 2003, S. 47–64.

Cohen, Patricia: *A Textbook Example of Ranking Artworks*. In: *New York Times*, 4.8.2008.

Cowen, Tyler: *The Inequality That Matters*. In: *The American Interest*. Januar/Februar 2011.

Davis, John B.: *The Theory of the Individual in Economics. Identity and Value*. London, New York: Routledge 2003.

Davis, Mike & Monk, Daniel Bertrand: *Evil Paradises. Dreamworlds of Neoliberalism*. New York: New Press 2007.

Defoe, Daniel: *Robinson Crusoe*. Übersetzt von Karl Altmüller. Köln: Anaconda 2011.

Edgeworth, F.Y.: *Mathematical Physics. An Essay on the Application of Mathematics to the Moral Sciences. Reprints of Economic Classics*. New York: Augustus M. Kelley Publishers 1967.

Ehrenreich, Barbara: *Clitoral Economics*. In: *Huffington Post*, 22.1.2008.

Feiner, Susan F.: *Portrait of Homo Economicus as a Young Man*. In: Osteen, Mark & Woodmansee, Martha (Hg.): *The New Economic Criticism. Studies at the Intersection of Literature and Economics*. London: Routledge 1999, S. 193–209.

Feiner, Susan F.: *Reading Neoclassical Economics. Toward an Erotic Economy of Sharing*. In: Kuiper, Edith & Sap, Jolande (Hg.): *Out oft the Margin. Feminist Perspectives in Economics*. New York: Routledge 1995, S. 151–166.

Ferber, Marianne A. & Nelson, Julie (Hg.): *Beyond Economic Man. Feminist Theory and Economics*. Chicago: Chicago University Press 1993.

Folbre, Nancy & Nelson, Julie A.: *For Love or Money – Or Both?* In: *The Journal of Economic Perspectives* 14 (4), 2000, S. 123–140.

Folbre, Nancy: *Greed, Lust and Gender. A History of Economic Ideas*. Oxford: Oxford University Press 2009.

Folbre, Nancy: *The Invisible Heart. Economics and Family Values*. New York: The New Press 2001.

Foucault, Michel: *Geschichte der Gouvernementalität II. Die Geburt der Biopolitik. Vorlesung am Collège de France 1978*. Übersetzt von Jürgen Schröder. Frankfurt/M.: Suhrkamp 2006.

Fox, Margalit: *Betty Friedan, Who Ignited Cause in ‹Feminine Mystique›, Dies at 85*. In: *The New York Times*, 5.2.2006.

Franklin, Sarah: *Fetal Fascinations. New Dimensions to the Medical-Scientific Construction of Fetal Personhood*. In: Franklin, Sarah; Lury, Celia; Stacey, Jackie (Hg.): *Off-Centre: Feminism and Cultural Studies*. London: Harper Collins 1991, S. 190–206.

Frey, Bruno: *Not Just for the Money. An Economic Theory of Personal Motivation*. Cheltenham: Edward Elgar Publishing 1997.

Friedan, Betty: *Der Weiblichkeitswahn. Ein vehementer Protest gegen das Wunschbild von der Frau*. Übersetzt von Margaret Carroux. Reinbek: Rowohlt 1966.

Friedman, Milton: *The Methodology of Positive Economics*. In: ders.: *Essays in Positive Economics*: Chicago, London: University of Chicago Press 1953, S. 3–43.

Galbraith, John Kenneth: *Eine kurze Geschichte der Spekulation*. Übersetzt von Wolfgang Rhiel. Frankfurt/M.: Eichborn Verlag 2010.

Galenson, David W.: *Artistic Capital*. London: Routledge 2006.

Gilder, George F.: *Reichtum und Armut*. Übersetzt von H. Boysen. Berlin: Severin und Siedler 1982.

Gneezy, Uri & Rustichini, Aldo: *A Fine is a Price. The Journal of Legal Studies*. Vol. 29, 2000, S. 1–17.

Grant, Jeremy & Mackenzie, Michael: *Ghosts in the Machine. The Potential Dangers of Automated, HighFrequency Trading*. In: *Financial Times*, 17.2.2010.

Grapard, Ulla & Hewitson, Gillian: *Robinson Crusoe's Economic Man. A Construction and Deconstruction*. London: Routledge 2011.
Graycar, Regina & Morgan, Jenny: *The Hidden Gender of Law*. Sydney: Federation Press 1990.
Grazzini, Jakob: *The Rhetoric of Economics by D.N. McCloskey*. University of Turin Doctoral Programme in Economics of Complexity and Creativity 2009.
Hamdad, Malika: *Valuing Households' Unpaid Work in Canada, 1992 and 1998. Trends and Sources of Change*. Ottawa: Statistics Canada Economic Conference 2003.
Hammermesh, Daniel S. & Soss, Neal M.: *An Economic Theory of Suicide*. In: *Journal of Political Economy* 82, Januar/Februar 1974.
Harvey, David: *Kleine Geschichte des Neoliberalismus*. Übersetzt von Niels Kadritzke. Zürich: Rotpunktverlag 2007.
Hawking, Stephen: *Einsteins Traum. Expeditionen an die Grenzen der Raumzeit*. Übersetzt von Hainer Kober. Reinbek: Rowohlt 1993.
Held, Virginia: *Mothering Versus Contract*. In: Mansbridge, Jane J. (Hg.): *Beyond SelfInterest*. Chicago: University of Chicago Press 1990. S. 287–304.
Hennessee, Judith: *Betty Friedan: Her Life*. New York: Random House 1999.
Hewitson, Gillian: *Feminist Economics. Interrogating the Masculinity of Rational Economic Man*. Cheltenham: Edward Elgar Publishing 1999.
Hochschild, Arlie Russell & Ehrenreich, Barbara (Hg.): *Global Woman: Nannies, Maids and Sex Workers in the New Economy*. New York: Henry Holt 2002.
Human Development Report 1999, United Nations Development Programme 1999.
Jensen, Derrick: *The Culture of Make Believe*. New York: Context Books 2002.
Johnson, Joel: *1 Million Workers. 90 Million iPhones. 17 Suicides. Who's to Blame?* In: *Wired Magazine*, März 2011.
Joyce, James: *Daniel Defoe*. Buffalo Studies 1, 1964.
Kahneman, Daniel & Tversky, Amos: *Prospect Theory. An Analysis of Decision under Risk*. In: *Econometrica* 47(2), 1979, S. 263–291.
Keynes, John Maynard: *Essays in Persuasion*. New York: W. W. Norton & Company 1963.
Kindleberger, Charles P.: *Manien, Paniken, Crashs. Die Geschichte der Finanzkrisen dieser Welt*. Übersetzt von N. N. Kulmbach: Börsenmedien 2001.
Kingma, Mireille: *Nurses on the Move. A Global Overview*. In: *Health Services Research* 42 (3), 2007, S. 1281–1298.
Kipnis, Laura: *The Female Thing*. New York: Pantheon Books 2006.
Krugman, Paul: *Die neue Weltwirtschaftskrise*. Übersetzt von Herbert Allgeier und Friedrich Griese. Bonn: Bundeszentrale für Politische Bildung 2009.
Lemke, Thomas: *The Birth of Bio.Politics. Michel Foucault's Lecture at the Col-*

lège de France on NeoLiberal Governmentality. In: *Economy and Society* 30 (2), 2001, S. 190–207.
Leonard, Mark: *Was denkt China?* Übersetzt von Helmut Dierlamm. München: Deutscher Taschenbuch Verlag 2009.
Leonard, Robert: *Von Neumann, Morgenstern and the Creation of Game Theory. From Chess to Social Science.* New York: Cambridge University Press 2010.
Levitt, Steven D. & Dubner, Stephen J.: *Freakonomics. Überraschende Antworten auf alltägliche Lebensfragen.* Übersetzt von Gisela Kretzschmar. München: Goldmann 2007.
Lewis, Michael: *Wall Street on the Tundra.* In: *Vanity Fair*, 14.12.2009.
LO-ekonomerna: Makteliten – alltid mer, aldrig nog. En studie av inkomstutvecklingen 1950 till 2009, rapport utgiven 2011.
Lucas, Robert: *In Defence of the Dismal Science.* In: *The Economist*, 6.8.2009.
Mandeville, Bernard: *Die Bienenfabel oder private Laster, öffentliche Vorteile. Mit einer Einleitung von Walter Euchner.* Übersetzt von Otto Bobertag. Frankfurt/M.: Suhrkamp 1998.
Marglin, Stephen A.: *The Dismal Science. How Thinking Like an Economist Undermines Community.* Cambridge: Harvard University Press 2008.
Marshall, Alfred: *Principles of Economics.* London: Macmillan 1920.
McCloskey, Deirdre: *How to be Human – Though an Economist.* Ann Arbor: University of Michigan Press 2000.
McCloskey, Deirdre: *If You're So Smart – The Narrative of Economic Expertise.* Chicago: University Of Chicago Press 1992.
Mencken, H.L.: *A Little Book in C Major.* Whitefish: Kessinger Publishing 2006.
Mialon, Hugo: *The Economics of Faking Ecstasy.* In: *Economic Inquiry* 50(1), Januar 2012.
Milne, A.A.: *If I May.* Whitefish: Kessinger Publishing 2004.
Mincer, Jacob & Polachek, Solomon: *Family Investment* in *Human Capital: Earnings of Women.* In: *Studies in Labor Supply. Collected Essays of Jacob Mincer* (2). Aldershot: Edward Elgar Publishing 1992, S. 105–1039.
Mincer, Jacob: *Investment in Human Capital and Personal Income Distribution.* In: *Journal of Political Economy* 66 (4), August 1958, S. 281–302.
Moberg, Åsa: *Hon var ingen Florence Nightingale. Människan bakom myten.* Stockholm: Natur & Kultur 2007.
Mueser, Peter: *Discrimination.* In: Eatwell, John; Milgate, Murray & Newman, Peter (Hg.): *The New Palgrave: A Dictionary in Economics* (1), London: Macmillan 1987, S. 856–858.
Nelson, Robert H.: *Economics As Religion. From Samuelson to Chicago and Beyond.* University Park: Pennsylvania State University Press 2002.
Nelson, Robert H.: *Reaching for Heaven on Earth. The Theological Meaning of Economics.* Savage: Rowman & Littlefield Publishers 1993.

Newman, Karen: *Fetal Positions. Individualism, Science, Visuality*. Stanford: Stanford University Press 1996.
Neumann, John von & Morgenstern, Oskar: *Spieltheorie und wirtschaftliches Verhalten*. Übersetzt von Manfred Leppig. Würzburg: Physika Verlag 1961.
Östling, Robert: *Beteendeekonomi och konsumentpolitik*. Stockholm: Integrations- och Jämställdhetsdepartementet 2009.
Pateman, Carole: *The Patriarchal Welfare State*. In: Landes, Joan (Hg.): *Feminism, The Public and the Private, Oxford Readings in Feminism*. Oxford/New York: Oxford University Press 1998, S. 241–276.
Persky, Joseph: *Retrospectives. The Ethology of Homo Economicus*. In: *The Journal of Economic Perspectives* 9 (2), 1995, S. 221–231.
Phillipson, Nicholas: *Adam Smith. An Enlightened Life*. New Haven/London: Yale University Press 2010.
Poundstone, William: *Prisoner's Dilemma. John von Neumann, Game Theory and the Puzzle of the Bomb*. New York: Doubleday 1992.
Read, Jason: *A Genealogy of HomoEconomicus. Neoliberalism and the Production of Subjectivity*. In: *Foucault Studies* 6, 2009, S. 25–36.
Reich, Robert B.: *The Next American Frontier*. New York: Crown Publishing 1983.
Reinhart, Carmen M. & Rogoff, Kenneth S.: *Dieses Mal ist alles anders. Acht Jahrhunderte Finanzkrisen*. Übersetzt von Almuth Braun. München: FinanzBuch Verlag 2010.
Rhodes, Richard: *The Making of the Atomic Bomb*. New York: Simon & Schuster 1987.
Robbins, Lionel: *An Essay on the Nature & Significance of Economic Science, Second edition, revised and extended*. London: Macmillan & Co 1945.
Rothkopf, David: *Die Super-Klasse. Die Welt der Internationalen Machtelite*. Übersetzt von Richard Barth. München: Riemann 2008.
Schmidt, Uta C.: *Vom Rand zur Mitte. Aspekte einer feministischen Perspektive in der Geschichtswissenschaft*. Dortmund: Edition Ebersbach 1994.
Schopenhauer, Arthur: *Schopenhauers Sämtliche Werke. Band 2. Bearbeitet und herausgegeben von Wolfgang Freiherr von Löhneysen*. Frankfurt/M.: Suhrkamp 1986.
Schwartz, Barry: *Money for Nothing*. In: *The New York Times*, 2.7.2007.
Sen, Amartya: *More than 100 Million Women are Missing*. In: *New York Review of Books*, 20.12.1990.
Sen, Amartya: *Rational Fools. A Critique of the Behavioral Foundations of Economic Theory*. In: Manbridge, Jane J. (Hg.): *Beyond SelfInterest*. Chicago: University of Chicago Press 1990, S. 25–43.
Senior, Nassau William: *An outline of the Science of Political Economy*. New York: Augustus M. Kelley 1965.
Simmel, Georg: *Philosophie des Geldes*. Leipzig: Duncker & Humblot 1900,

verfügbar unter http://www.deutschestextarchiv.de/book/show/simmel_geld_1900.
Smith, Adam: *Wohlstand der Nationen. Eine Untersuchung seiner Natur und seiner Ursachen.* Aus dem Englischen übertragen und mit einer umfassenden Würdigung des Gesamtwerkes herausgegeben von Horst Claus Recktenwald. Revidierte Fassung, 10. Aufl. München: Deutscher Taschenbuch Verlag 2003.
Smith, Vernon L.: *Bargaining and Market Behavior Essays in Experimental Economics.* Cambridge: Cambridge University Press 2000.
Smithers, Andrew: *Wall Street Revalued. Imperfect Markets and Inept Central Bankers.* London: John Wiley & Sons 2009.
Södergran, Edith: *Klauenspur. Gedichte und Briefe. Herausgegeben von Richard Pietraß.* Übersetzung des zitierten Gedichts von Nelly Sachs. Leipzig: Reclam 1990.
Soros, George: *Die Alchemie der Finanzen. Übersetzt von Axel Retz.* Kulmbach: Börsenbuch-Verlag 1994.
Stevenson, Betsey & Wolfers, Justin: *The Paradox of De clining Female Happiness.* In: *American Economic Journal. Economic Policy* 1 (2), 2009, S. 190–225.
Stigler, G. J.: *Smith's Travels on the Ship of State.* In: *History of Political Economy* 3(2), 1971, S.265–277.
Stiglitz, Joseph E.: *Die Schatten der Globalisierung.* Übersetzt von Thorsten Schmidt. Berlin: Siedler 2002.
Stiglitz, Joseph E.: *Of the 1%, by the 1%, for the 1%.* In: *Vanity Fair*, Mai 2011.
Stockman, David Alan: *Der Triumph der Politik.* Übersetzt von Hans-Jürgen Baron von Koskull, Dr. Ulrich Rödel und Prof. Dr. Werner Meißner. München: C. Bertelsmann 1986.
Szuchman, Paula & Anderson, Jenny: *Mehr Sex, weniger Abwasch.* Übersetzt von Regina Schneider. München: Goldmann 2012.
Taylor, Mark C.: *Confidence Games. Money and Markets in a World without Redemption.* Chicago: University of Chicago Press 2008.
The Economist, Special Report on the Global Housing Boom, 18. Juni 2005.
Thompson, Don: *The $12 Million Stuffed Shark. The Curious Economics of Contemporary Art.* New York: Palgrave Macmillan 2008.
Thorp, Edward O.: *Beat the Dealer. A Winning Strategy for the Game of Twenty-One.* New York: Vintage 1966.
Thorp, Edward O.: *Beat the Market. A Scientific Stock Market System.* New York: Random House 1967.
United Nations Publications: *The Inequality Predicament. Report on the World Social Situation.* Department of Economic and Social Affairs (DESA) 2005.
Varia, Nisha: *Globalization Comes Home. Protecting Migrant Domestic Workers' Rights. Human Rights Watch World Report* 2007, verfügbar unter http://www.hrw.org.
Walsh, Bryan: *EWaste Not.* In: *Time Magazine*, 8.1.2009.

Wanniski, Jude: *The Way the World Works*. Washington: Regnery Publishing 1998.
Waring, Marilyn: *Counting for Nothing. What Men Value and What Women are Worth*. Toronto: University of Toronto Press 1999.
Weatherford, Jack: *Eine kurze Geschichte des Geldes und der Währungen. Von den Anfängen bis in die Gegenwart*. Übersetzt von Antoinette Gittinger. Zürich: Conzett bei Oesch 1999.
Wei, Wu Wei: *Ask the Awakened*. London: Routledge & Kegan Paul 1963.
West, Rebecca: *The Young Rebecca. Writings of Rebecca West 1911–17. A Selection made by James* Marcus. Indiana: Indiana University Press 1989.
Wilde, Oscar: *Das Bildnis des Dorian Gray*. Übersetzt von Eike Schönfeld. Berlin: Insel 2014.

PERSONENREGISTER